資産形成コンサルタント資格試験問題集
Asset Building Consultant

公益社団法人
日本証券アナリスト協会
The Securities Analysts Association of Japan

はじめに

　本問題集は、「資産形成コンサルタント」資格を目指す方がテキストで学んだ知識の理解・定着を図ることができるように作成したものです。

　近年、資産形成の重要性についての認識が高まっています。2024年にはNISAの根本的拡充・恒久化が図られる等、制度面の見直しが進められています。また、国民の金融リテラシーの向上を図るための金融経済教育への取り組みにもこれまで以上に力が入れられています。

　こうした中、金融機関では、資産形成・運用に関する顧客からの相談に適切に対応できる人材が求められています。そうした人材は、顧客一人ひとりのライフプラン上のゴールの設定を手助けし、設定したゴールの実現に資するポートフォリオ提案をするための基礎を身に付けていることが必要です。「資産形成コンサルタント」資格は、そうした知識を身に付けていることを認定するものです。

　テキスト「資産形成コンサルタント」で一通りの学習を終えたら、本書の問題を解くことをお勧めします。理解が深まり、知識が定着したという自信がついたら、「資産形成コンサルタント」資格の受験を通じて、是非ご自分の力を確認してみてください。

「貯蓄から投資へ」の流れの中で、より多くの方々が「資産形成コンサルタント」資格を取得し、資産形成・運用に関する顧客からの相談への対応力をますますレベルアップするよう、本書が活用されることを願っています。

2024年2月
公益社団法人　日本証券アナリスト協会

目　次

本書の利用に当たって

テキスト、問題、解説等

「資産形成コンサルタント」資格試験は、テキスト「資産形成コンサルタント」の内容に基づいて実施されます。本問題集を解く前にテキストの学習をお勧めします。テキストは、下記のときわ総合サービス「ときわんブックストア」のほか、全国書店、ネット通販サイトでも購入できます。

　本問題集では、テキストの内容のうちポイントとなる部分を取り上げ、実際の試験と類似のレベル・形式の問題で構成しています。本問題集を解くことにより、試験での出題に慣れることができます。ただし、本問題集でカバーしているポイント以外にもテキストには重要なことが多く記載されているので、それらについて出題されることがあることや、試験において異なるレベル・形式の問題が出題されることがあることをご承知おきください。
　なお、本問題集での投資家は、金融商品取引法で規定されている特定投資家ではないことを前提としており、試験においても同様です。

　問題解説の冒頭には、その問題に関連した事項を記載したテキストの箇所を示しています。問題を解くとともに、テキストに立ち返って、学習内容の理解定着を図ってください。
　なお、参照箇所は、問題の収められている章とテキストの章が同じである場合には、テキストの節のみを記載しています。また、問題の収められている章とテキストの章が異なる場合には、テキストの章と節（または補論、コラム）を記載しています。

　本問題集の修正・改善箇所については、当協会ウェブサイト（https://www.saa.or.jp）の資産形成コンサルタント資格に関するページにその内容を掲載します。

「ときわんブックストア」
https://www.tokiwa-ss.co.jp/bookstore/pb/shisankeisei.html
　※10冊以上の購入から割引価格となります（5〜15％）。詳しくは、ときわ総合サービスの以下の連絡先にお問い合わせください
　E-mail：smilingshuppan@tokiwa-ss.co.jp
　電話：03-3270-5713

（参考）「資産形成コンサルタント」資格試験の概要

「資産形成コンサルタント」資格試験の概要は以下のとおりです。変更があり得ますので、協会ウェブサイト（https://www.saa.or.jp）の資産形成コンサルタント資格に関するページで最新の情報をご確認下さい。

　なお、所属企業等での団体受験により受験される方は、所属企業等の指示に従って下さい。

▼「資産形成コンサルタント」資格試験の概要

受験資格	・特になし（どなたでも受験可能）
受験申込	・㈱シー・ビー・ティー・ソリューションズのウェブサイトからお申込みください。
試験日	・通年実施（年末年始は除く）。 ・受験者ご自身が予約した日時 ・テストセンターで受験していただきます。申込日より３日目以降（例：10日申込の場合13日以降）の予約が可能です。 ・テストセンターにより予約可能な日時は異なりますのでご注意ください。
試験方式	・コンピュータ試験（４肢択一式）
試験時間、問題数	・90分間、40問
受験料	・9,900円（税込み） ・なお、当協会の個人会員、法人会員・法人賛助会員に所属する方には会員割引が適用されます。詳しくは協会ウェブサイトをご覧ください。
合否結果	・試験終了後、会場で合否を知らせるスコアレポートが手交されます。
認定証、オープンバッジ	・合格者には、認定証、オープンバッジが授与されます。
資格要件	・試験の合格（資格継続のための要件はありません）

■　試験のお申込み先
　㈱シー・ビー・ティー・ソリューションズ
　URL：https://cbt-s.com/examinee/examination/saa_abc.html

第1章

第2章

第3章

第4章

第5章

第6章

第7章

第8章

第9章

第10章

第11章

第12章

ケース・スタディ

第1章　顧客と信頼関係を築く

（1） 顧客との接し方の基本

顧客との接し方の基本に関する次の記述のうち、最も<u>適切でない</u>ものはどれか。

A．顧客に対して最善の資産運用の提案をするためには、まずなによりも「顧客を知ること」が重要である。

B．顧客との間に情報の非対称性があることを踏まえたうえで、顧客との信頼関係を築いていくことが重要である。

C．資産運用には様々なゴール（目標）があるが、人生のゴールが「従」で、資産が「主」であることを忘れてはならない。

D．顧客のゴール（目標）から逆算して、何をいつまでに達成するかということが、資産の形成と運用にとって重要である。

正解　C

解説　➡　第1節「顧客を知る」

　資産形成コンサルタントの仕事は、顧客の資産運用において最善の提案を行うなどのサービスを提供することである。

　そのためには、まずなによりも「顧客を知ること(KYC＝Know Your Client)」が重要であるが、顧客との間には「情報の非対称性」があることを忘れてはならない。両者には情報や知識の面で格差があり、情報弱者である顧客は、金融機関に勤務する職員が、顧客の利益よりも金融機関の利益を優先しているのではないか、という不安を抱きがちである。顧客の利益を優先し、そのような不安をやわらげ、信頼関係を築くことは重要である。

　資産形成・運用に当たっては、各々の顧客のライフステージに応じて様々なゴール(目標)を設定する。資産は人生をより良くするための手段であって目的ではない。人生のゴールを実現することが「主」で、手段としての資産は「従」であることを忘れてはならない。

　そうしたゴールから逆算して、何をいつまでに達成するかというプランを策定することが、資産の形成と運用にとって重要であり、ゴールの実現に必要なプロセスである。

(2) 行動経済学と資産運用

　行動経済学に関連する次の記述のうち、最も<u>適切でない</u>ものはどれか。

A. 人は得をすることよりも「損をすることを回避したい」という気持ち
　を重視するため、期待値で比べると得られる金額が少なくても、確
　実に利益が出て損失を避けられる選択肢を選ぶ傾向がある。これを
　「損失回避の法則」という。
B. 「確実性の法則」とは、人はより「確実なものを好む」という気持ち
　を重視する法則である。例えば、「100％成功する」と「99％成功する」
　では受ける印象が大きく異なる。
C. 「サンクコスト効果」とは、今までに費やしてきたコストや時間は過
　去のものとして埋没し、意思決定に影響を与えないことをいう。
D. 「ナッジ理論」とは、無言のプレッシャーを理論化したものであり、
　より良い選択を自発的に取れるようにする方法である。

正解　C

解説　➡　第2節「人は必ずしも『合理的に』行動しない」

　人が必ずしも合理的には行動しないことに着目し、伝統的な理論ではうまく説明できなかった社会現象や経済行動を実証的に説明しようとする理論を「行動ファイナンス（行動経済学）」と呼ぶ。テキストでは代表的な4つの行動パターンが紹介されている。

　人は得をすることよりも「損をすることを回避したい」という気持ちを重視する傾向があり、これを「損失回避の法則」という。人の意思決定には確率や期待値といった数値から想定される以上に、損失を避けようとする感情が大きく影響する。

「確実性の法則」とは、人はより「確実なものを好む」という気持ちを重視する法則である。このため、例えば、「99％成功する」より「100％成功する」の方が、受ける印象が強くなる。計算上の起こりやすさにはほぼ差がなくても、人は少しでも確実な方を選択しがちである。

　今までに費やしてきた「コストや時間をもったいない」と感じ、意思決定に影響を与えることをサンクコスト効果という。今まで費やしてきたコストや時間を取り戻そうという心理が働きやすくなり、冷静で合理的な判断ができなくなってしまうことがある。

「ナッジ理論」とは、無言のプレッシャーを理論化したものであり、より良い選択を自発的に取れるようにする方法である。例えば、金融商品の申込書にデフォルトの選択肢があると、顧客がそれを標準として受け入れるようになることはその一種である。

　なお、顧客が専門的なことが細かく書かれている注意事項を十分に理解せずに商品を購入するようなことがあれば、ナッジの悪用ともなりかねないことは、認識すべきである。

(3) 信任義務（フィデューシャリー・デューティー）

　信任義務（フィデューシャリー・デューティー）に関する次の記述のうち、最も適切でないものはどれか。

A．信任義務（フィデューシャリー・デューティー）は、「顧客の利益を最優先する」という忠実義務と、「十分な注意、技能、および勤勉さをもって行う」という注意義務の2つで構成されているといわれている。

B．忠実義務を果たすためには、顧客の利益よりも自分の利益を優先させてはいけないが、顧客の利益よりも第三者の利益を優先することは差し支えない。

C．注意義務には専門的な観点から適切に業務を行うこと、金融や投資に関する知識を身につけること、一所懸命に顧客のサポートを行うことが含まれる。

D．忠実義務と注意義務は、金融商品取引法においても顧客に対する義務として、第3章「金融商品取引業者等」に定められている極めて重要な義務である。

正解　B

解説　➡　第3節「顧客と接する際に重要な行動規範」

　資産形成コンサルタントにとって何よりも重要なことは、顧客との信頼関係を築くことである。顧客からの信頼には、「信任関係」が必要であり、資産形成コンサルタントは、顧客に対して「信任義務（フィデューシャリー・デューティー）」を負っている。

　ここでいう信任義務は、忠実義務と注意義務の2つで構成されているといわれている。
　忠実義務は、顧客の最善の利益に資することにのみ専念し、自分あるいは第三者の利益を優先させてはならない、という意味である。
　注意義務は、同じような立場にいる賢明な人が選択するであろう方法で相手に対して奉仕する、ということであって、十分な注意、技能および勤勉さをもって顧客をサポートしなければいけない、という意味である。

　これら忠実義務と注意義務は、金融商品取引法 第3章「金融商品取引業者等」の第41条に以下のような形で定められている。

【金融商品取引法】
　第41条　金融商品取引業者等は、顧客のため忠実に投資助言業務を行わなければならない。
　　　2　金融商品取引業者等は、顧客に対し、善良な管理者の注意をもって投資助言業務を行わなければならない。

第1章

第2章

第3章

第4章

第5章

第6章

第7章

第8章

第9章

第10章

第11章

第12章

ケース・スタディ

（4）　顧客本位の業務運営に関する原則

　金融庁が定めた「顧客本位の業務運営に関する原則」についての次の記述のうち、最も<u>適切でない</u>ものはどれか。

A．金融事業者は、高度の専門性と職業倫理を保持し、顧客に対して誠実・公正に業務を行い、顧客の最善の利益を図るべきである。
B．金融事業者は、取引における顧客との利益相反の可能性について正確に把握し、利益相反の可能性がある場合には、当該取引を全面的に禁止すべきである。
C．金融事業者は、名目を問わず、顧客が負担する手数料その他の費用の詳細を、顧客が理解できるよう情報提供すべきである。
D．金融事業者は、顧客との情報の非対称性があることを踏まえ、金融商品・サービスの販売・推奨等に係る重要な情報を顧客が理解できるよう分かりやすく提供すべきである。

正解　B

解説　➡　第３節「顧客と接する際に重要な行動規範」

　2017年に金融庁が公表した「顧客本位の業務運営に関する原則」は、顧客本位の業務運営のために、金融事業者が顧客に対して果たすべき信任義務の大きな枠組みを定めたもので、７つの項目から構成されている。テキスト第１章では、そのうち原則２～６を取り上げて解説している。

原則2：**顧客の最善の利益の追求**

「金融事業者は、高度の専門性と職業倫理を保持し、顧客に対して誠実・公正に業務を行い、顧客の最善の利益を図るべきである。金融事業者は、こうした業務運営が企業文化として定着するよう努めるべきである。」

原則3：**利益相反の適切な管理**

「金融事業者は、取引における顧客との利益相反の可能性について正確に把握し、利益相反の可能性がある場合には、当該利益相反を適切に管理すべきである。金融事業者は、そのための具体的な対応方針をあらかじめ策定すべきである。」

原則4：**手数料等の明確化**

「金融事業者は、名目を問わず、顧客が負担する手数料その他の費用の詳細を、当該手数料等がどのようなサービスの対価に関するものかを含め、顧客が理解できるよう情報提供すべきである。」

原則5：**重要な情報の分かりやすい提供**

「金融事業者は、顧客との情報の非対称性があることを踏まえ、上記原則4に示された事項のほか、金融商品・サービスの販売・推奨等に係る重要な情報を顧客が理解できるよう分かりやすく提供すべきである。」

原則6：**顧客にふさわしいサービスの提供**

「金融事業者は、顧客の資産状況、取引経験、知識及び取引目的・ニーズを把握し、当該顧客にふさわしい金融商品・サービスの組成、販売・推奨等を行うべきである。」

なお、選択肢（B）は原則3に関連するが、利益相反を生む可能性のある行為を全面的に禁止することは実際問題として困難であるし、現実的ではない場合も多いかもしれない。このため、利益相反の可能性がある場合には、当該利益相反を適切に管理しなければならないとされている。

第1章
第2章
第3章
第4章
第5章
第6章
第7章
第8章
第9章
第10章
第11章
第12章
ケース・スタディ

第2章　新しい資産運用のあり方

(1)　適合性の原則とゴールベース資産管理

　　以下は、「顧客本位の業務運営に関する原則」とゴールベース資産管理の関係に関する説明である。文章中の空欄に入る語句の組合せとして、最も適切なものは次のうちどれか。

「金融庁が定めた『顧客本位の業務運営に関する原則』では、顧客に（　ア　）金融商品の販売・推奨等を行うべきとされている。そのために必要なプロセスは、ゴールベース資産管理のプロセスに極めて近い。

　　例えば、原則では顧客の（　イ　）の確認が強調されているが、ゴールベース資産管理ではゴールの設定がこれに相当する。

　　また、原則には金融商品の販売後に適切なフォローアップを行うことが掲げられているが、ゴールベース資産管理では（　ウ　）がこれに相当する。」

A．（ア）求められた、（イ）資産総額、（ウ）継続的レビュー
B．（ア）ふさわしい、（イ）意向、（ウ）継続的レビュー
C．（ア）求められた、（イ）意向、（ウ）投資の選択と実行
D．（ア）ふさわしい、（イ）資産総額、（ウ）投資の選択と実行

正解　B

解説　➡　第2節「顧客本位のサービスを提供するプロセス」

「顧客本位の業務運営に関する原則」の原則6は、「適合性の原則」に関するもので、それぞれの顧客にふさわしい金融商品の販売・推奨等を行うべきとしている。

「顧客本位の業務運営に関する原則」の原則6
金融事業者は、顧客の資産状況、取引経験、知識及び取引目的・ニーズを把握し、当該顧客にふさわしい金融商品・サービスの組成、販売・推奨等を行うべきである。
（原則6の注記）金融事業者は、金融商品・サービスの販売・推奨等に関し、
　　　　　　　以下の点に留意すべきである。
　・顧客の意向を確認した上で、まず、顧客のライフプラン等を踏まえた

> **目標資産額や安全資産と投資性資産の適切な割合を検討し、それに基づき、具体的な金融商品・サービスの提案を行うこと**
> ・具体的な金融商品・サービスの提案は、自らが取り扱う金融商品・サービスについて、各業法の枠を超えて横断的に、類似商品・サービスや代替商品・サービスの内容（手数料を含む）と比較しながら行うこと
> ・**金融商品・サービスの販売後において、顧客の意向に基づき、長期的な視点にも配慮した適切なフォローアップを行うこと**
>
> （以下省略）

　これを実現するためのプロセスは、ゴールベース資産管理のプロセスに極めて近い。

　以下は、上記の原則をゴールベース資産管理の枠組みを使って解釈したものである。各文の末尾にあるカッコ書きは、ゴールベース資産管理のプロセスの該当部分を示している。

① **「顧客の意向を確認」する**

　　顧客やその家族との対話を通じて、顧客が自らの資産運用の目的を特定化することをサポートすること

　　（ゴールの設定）

② **「顧客のライフプラン等を踏まえた目標資産額」を検討する**

　　顧客が資産運用の目的について優先順位を付けることをサポートし、付けられた優先順位に沿った資産運用プランを顧客に提案すること

　　（実現シナリオの設定）

③ **「安全資産と投資性資産の適切な割合を検討し、それに基づき具体的な金融商品・サービスの提案を行う」**

　　顧客ごとにリスク水準の異なるポートフォリオを設定し、資産運用を行うこと

　　（投資の選択と実行）

④ **「金融商品・サービスの販売後において、顧客の意向に基づき、長期的な視点にも配慮した適切なフォローアップを行う」**

　　顧客との継続的な対話を通じて、顧客やその家族の資産状況の変化や資産運用の目標達成状況を確認し、必要に応じて資産運用の目的を修正したり、追加的な目的を設定すること

　　（継続的レビュー）

(2) ゴールベース資産管理の概念

　　以下は、ゴールベース資産管理に関する説明である。文章および図中の空欄に入る語句の組合せとして、最も適切なものは次のうちどれか。
「ゴールは、老後の生活費の確保等かなり先のことであり、このアプローチ自体が、（　ア　）から（　イ　）までの図に示す4つのプロセスを循環的に継続していくプロセスになる。（　ウ　）、顧客の目標（ゴール）の実現に向けて、顧客に伴走していくサービスがゴールベース資産管理である。その際、非課税口座の利用といった資産の置き場も考慮に入れる。」

A．（ア）人生の振り返り、（イ）投資の増額、（ウ）長期間にわたり
B．（ア）ゴールの設定、（イ）継続的レビュー、（ウ）ごく短期間
C．（ア）ゴールの設定、（イ）継続的レビュー、（ウ）長期間にわたり
D．（ア）人生の振り返り、（イ）投資の増額、（ウ）ごく短期間

<＜ゴールベース資産管理の概念図＞>

① （　　ア　　）
　　顧客が人生で実現したい目標を設定

② （実現シナリオの設定）
　　ゴールごとに投資期間と必要な金額、優先順位を設定

③ （投資手段の選択と実行）
　　資産配分（資産の働かせ方）、非課税口座の利用（資産の置き場所）を提案

④ （　　イ　　）
　　顧客の状況を確認し、ライフイベントの発生に応じて資産配分を見直しながらゴールまで伴走

正解　　C

解説　➡　第3節「ゴールベース資産管理」、第5節「ライフステージ別にみたゴールベース資産管理」

　ゴールベース資産管理は、「顧客のゴールの実現に向けて、顧客と伴走しながら、資産等を運用・管理していくサービス」を指している。通常、①ゴールの設定、②実現シナリオの設定、③投資手段の選択と実行、④継続的レビューという4つのステップで進められる。

　ゴールの設定においては、顧客と対話を重ね、顧客のゴールを明確にし、顧客と共有するプロセスが極めて大切である。その際、実務では質問票（ヒアリングシート）が使われることが多い。これにより、効率的に顧客のゴールを明確にすることが可能になる。

　実現シナリオの設定においては、老後の生活費、子供の教育費、マイホームの購入、配偶者と子供への遺産等のゴールごとに投資期間と必要金額、優先順位を設定することが必要となる。

　投資手段の選択と実行のおける資産配分では、まず投資のゴール、投資の期間、リスク許容度を勘案して、各資産クラスの配分比率が決定される。資産運用を開始した後でも、配分比率は当初取り決めたリバランスルールに則って見直される。投資手段の選択と実行には、非課税口座の利用といった資産の置き場所を考慮に入れることも含まれる（テキスト第3章第2節「アセット・ロケーション」参照）。

　継続的レビューにおいては、家族構成の変化、結婚、出産等のライフステージにおける主要なイベントの発生をフォローすることが大切である。イベントの発生により、アセット・アロケーションの前提が変化したときには、各資産クラスへの配分比率を変えるリアロケーションを検討すべきである。
　継続的レビューの過程で相場が急落した場合、顧客の不安をやわらげるために市場の状況を説明することは良いが、早急にポートフォリオにおける各資産クラスへの配分比率の変更を提案することは必ずしも適切とは限らない。

(3)　ゴールの設定

　　ゴールベース資産管理におけるゴールの設定に関する次の記述のうち、最も<u>適切でない</u>ものはどれか。

A．現役期は、一般的には、収入や保有資産が少なく、住宅ローン等の負債を抱えていることも多いが、老後の生活費を含めた資産形成のニーズがある。長期的な視点からゴールの設定をサポートすることが大切である。

B．退職期前後のゴールは、一般的には、現役時代のライフスタイルを維持しながら、老後の生活費が枯渇しないように資産寿命を伸ばすことである。

C．高齢期のゴールは、一般的には、亡くなるまでの期間について安定的に生活費を確保することである。特に資産運用の経験・知識が乏しい顧客の場合には、一度に多額の資産の運用を始めることについては慎重に検討した方が良い。

D．いずれのライフステージにおいても、顧客との対話によってゴールを明確化するのではなく、顧客に対して積極的にゴールを提示することが大切である。

正解　D

解説 ➡ 第5節「ライフステージ別にみたゴールベース資産管理」

ライフステージ別のゴールの設定については、以下のような特徴がある。

現役期

現役期とは就職してから退職するまでの時期をいう。

現役期の顧客は、資産形成ニーズがあるにもかかわらず、そのために何をすれば良いのかという点について漠然とした不安を抱えていることも多い。そうした顧客に対しては、顧客の希望、考え、状況を踏まえて、長期的な観点からゴールの設定をサポートすることが求められる。

退職期前後

退職の時期は一概にはいえないが、公的年金が受給できるようになる65歳から70歳程度が一般的である。

顧客の意向を確認する必要はあるが、退職期前後のゴールは、現役時代のライフスタイルを維持しながら、老後の生活費が枯渇しないように資産寿命を延ばすことにある。

高齢期

高齢期とは、心身の衰えを感じ始める時期をいい、個々人によって大きく差があるが、一般的には75歳から80歳以上が該当すると考えられる。

高齢期のゴールは、一般的には、亡くなるまでの期間について安定的に生活費を確保することである。

顧客は、心身の衰えも踏まえて資産の計画的な取り崩しを実行するとともに、認知・判断能力の低下や喪失に備えて行動することが重要になる。特に資産運用の経験・知識が乏しい顧客の場合には、一度に多額の資産の運用を始めることについては慎重に検討した方が良い。

いずれのライフステージにおいても、顧客と対話を重ね、顧客のゴールを明確化し、顧客と共有するプロセスが大切である。ゴールの設定は顧客が行うものである。対話を通じて顧客の考えを整理する等のサポートは必要であるが、顧客に対してゴールを提示するものではない。

第1章　第2章　第3章　第4章　第5章　第6章　第7章　第8章　第9章　第10章　第11章　第12章　ケース・スタディ

(4) 実現シナリオの設定

ゴールベース資産管理における実現シナリオの設定に関する次の記述のうち、最も<u>適切でない</u>ものはどれか。

A. 実現シナリオの設定に当たっては、営業推進の視点から顧客を積極的に誘導することが重要である。

B. ゴールの優先順位付けにおいては、ゴールをNeeds、Wants、Wishes、Dreamsといったカテゴリーに分類して考えることも有効である。

C. 優先順位付けされたゴールについて、どの程度の実現可能性があるかをチェックする。その際には、現在の資産や収入のほか、投資期間やリスク許容度も考慮する。

D. 顧客が高利回り・低リスクの商品があることを前提にシナリオを考えている場合には、リスクとリターンの関係をよく理解していない可能性がある。

正解　A

解説　➡　第3節「ゴールベース資産管理」

　実現シナリオの設定におけるゴールの優先順位付けは、顧客が行うことであり、資産運用のアドバイザーは顧客が考えている優先順位に耳を傾けることが大切である。営業推進という金融機関側の視点から優先順位を付けるように誘導することがあってはならない。

　ゴールの優先順位付けに当たっては、ゴールをいくつかのカテゴリーに分類することも有効である。例えば、Needs（必要不可欠なニーズ）、Wants（必ず実現したい欲求）、Wishes（できれば実現したい欲求）、Dreams（夢）といったカテゴリーに分類することは、優先順位付けをする際に参考になろう。

　ゴールの優先順位付けができたら、それぞれのゴールについて、現在の資産や収入を前提とした場合に、どの程度の実現可能性があるかをチェックする。その際には、投資期間やリスク許容度も考慮する。資産形成コンサルタントは、第三者としての中立的な立場から、顧客にふさわしいと考えられる実現シナリオを、顧客と話し合いながら設定する。設定された実現シナリオの達成見通しを、コンピューターのシミュレーション等を使って示す等、顧客が最終的な決定をできるようにサポートする。

　なお、投資手段の選択に当たっては、投資のリターンをあげることのみを重視すべきではなく、顧客のリスク許容度等も勘案する必要がある。

　顧客が高利回り・低リスクの商品があることを前提にシナリオを考えている場合には、リスクとリターンの関係をよく理解していない可能性がある。テキスト第7章第5節「ポートフォリオの期待リターンとリスク」にあるように、一般的に、リスクの小さな資産から得られる期待リターンは小さく、リスクの大きな資産から得られる期待リターンは大きい。リスクと期待リターンはトレードオフの関係にある。

第1章
第2章
第3章
第4章
第5章
第6章
第7章
第8章
第9章
第10章
第11章
第12章
ケース・スタディ

(5) ファンドラップ

ファンドラップに関する次の記述のうち、最も<u>適切でない</u>ものはどれか。

A. ファンドラップは、金融機関が顧客と投資一任契約を締結し、顧客の運用方針を反映した形で、顧客に代わって資産運用を行うサービスである。

B. ファンドラップは、資産の運用・管理を専門家に任せるため顧客の手間はかからない。しかし、顧客としては資産運用の内容のチェックが必要で、その際の資産形成コンサルタントの役割は大きい。

C. ファンドラップは、運用資産残高ではなく、資産運用時の売買金額に応じた手数料体系であるため、顧客と金融機関の利益は相反する。

D. ファンドラップが一段と普及していくには、サービスの具体的な内容を明確化するとともに、運用体制や顧客が負担するコストに関する情報開示の充実に取り組むことが求められる。

正解　C

解説　➡　第4節「わが国へのゴールベース資産管理の導入」

　ファンドラップとは、証券会社や銀行等の金融機関が顧客と投資一任契約を締結し、顧客の運用方針を反映した形で、顧客に代わって資産運用を行うサービスである。

　ファンドラップは、資産の運用・管理をすべて専門家に任せるので手間はかからない。しかしながら、顧客としては、資産運用の内容が自らのゴールを達成するために適切かどうかを常にチェックする必要がある。その際に、資産形成コンサルタントの役割は大きい。

　ファンドラップでは、顧客から預かっている運用資産残高に応じて、あらかじめ決められた割合の手数料がかかる。その結果、顧客と金融機関が運用資産を増やすという目的を共有することが可能になる。

　今後、ファンドラップが一段と普及していくためには、バランス型投資信託との違いを含むサービスの具体的な内容を明確化するとともに、運用体制や顧客が負担するコストに関する情報開示の充実化が必要である。

第1章
第2章
第3章
第4章
第5章
第6章
第7章
第8章
第9章
第10章
第11章
第12章
ケース・スタディ

(6) 長期・積立・分散投資

　　長期・積立・分散投資に関する次の記述のうち、最も<u>適切でない</u>ものは
どれか。

A. 投資による資産形成を行う場合には、長期投資を考慮すべきである。
　　投資期間が長くなるほど複利の効果を利用して資産価値を増やして
　　いくことができる。
B. 投資による資産形成を行う場合には、積立投資を考慮すべきである。
　　資産形成のために資金拠出できる金額が限られていても、「継続は力
　　なり」の言葉のような効果がある。
C. 投資による資産形成を行う場合には、分散投資を考慮すべきである。
　　分散投資によって、リスクを高めることができる。
D. 高齢化社会においては退職後の期間が延びてきていることから、退職
　　期前後においても長期・積立・分散投資は有効である。

正解　C

解説　➡　コラム2−1「長期・積立・分散投資」

　個人が長期投資という形の資産運用を行う場合には、「長期」「積立」「分散」の3点を考慮すべきであるといわれている。

　第1に考慮すべき点は、「時間を味方につける」ことである。投資期間が長くなるほど複利の効果を利用して資産価値を増やしていくことができる。

　第2に考慮すべき点は、「継続は力なり」ということである。実行可能な少額の資金を継続的に投資する積立投資が有用である。こうした積立投資によって、保有する金融商品の購入コストを引き下げることも可能になる。

　第3に考慮すべき点は、「すべての卵を一つのカゴに盛るな」ということである。資産運用において、自分の資産を株式や債券等の複数の商品に分散して投資していれば、仮に株式で損をしても、債券でカバーできる可能性がある。多数の資産クラスに幅広く投資することは、全体のリスクを軽減することになる。

　高齢化社会においては退職後の期間が延びてきている。このため、現役世代のみならず、退職期前後においても長期・積立・分散投資は有効である。
　なお、長期・積立・分散投資の場合においても、継続的レビューは重要である。

第1章
第2章
第3章
第4章
第5章
第6章
第7章
第8章
第9章
第10章
第11章
第12章
ケース・スタディ

第3章　資産運用の基本的な枠組み

第1章

第2章

第3章

第4章

第5章

第6章

第7章

第8章

第9章

第10章

第11章

第12章

ケース・スタディ

(1)　アセット・アロケーション

アセット・アロケーションに関する次の記述のうち、最も<u>適切でない</u>ものはどれか。

A. アセット・アロケーションとは、資産の配分に関する理論（ポートフォリオ理論）をベースに、資産運用市場の見通しや投資家のリスク許容度等様々な情報を勘案して、リスクが最小で期待リターンが最大となるようなポートフォリオを決定するプロセスのことをいう。
B. ポートフォリオとは、アセット・アロケーションで決まった各資産クラスへの配分割合に沿って実際に組み入れた個々の金融商品のことをいう。
C. 一般に、現役期においては、相対的にリスクが大きい株式への配分を増やし、リスクが小さい債券への配分を減らしたアセット・アロケーションが望ましい。
D. リスク許容度や運用目的等の違いに応じて、最適なアセット・アロケーションは、個々人によって異なり得る。

正解　B

解説 ➡ 第1節「アセット・アロケーション」

　アセット・アロケーションとは、資産の配分に関する理論（ポートフォリオ理論）をベースに、資産運用市場の見通しや投資家が許容できるリスク許容度等様々な情報を勘案して、資産運用の目的に応じリスクが最小で期待リターンが最大となるようなポートフォリオを決定するプロセスのことをいう。

　ポートフォリオとは、アセット・アロケーションで決まった各資産クラスへの配分割合に沿って、実際に複数の金融商品を組み入れた運用資産全体のことをいう。

　資産クラスとは、期待されるリターンとリスクが同じような金融資産をまとめたものである、例えば、株式と債券という金融資産の場合、国内株式、国内債券、外国株式、外国債券という4つの資産クラスがあり、これらは伝統的資産と呼ばれている。これに対する非伝統的資産としては、不動産やヘッジファンドといった資産クラスがあげられる。

　一般に現役期は、退職期前後や高齢期に比べ、投資期間が長く、リスク許容度（仮にリスクが実際に発生したとしても、投資家が受け入れても良いと感じているリスクの程度）が大きいため、アセット・アロケーションにおいては、相対的にリターンが高くリスクが大きい株式への配分を増やし、リターンが低くリスクが小さい債券への配分を減らす方が望ましいとされる。

　なお、最適なアセット・アロケーションは、リスク許容度や運用目的等の違いに応じて個々人によって異なり得る。

(2) ライフステージ別資産管理

ライフステージ別にみた資産管理に関する次の記述のうち、最も<u>適切でない</u>ものはどれか。

A. 資産管理は人生の全ステージで検討していく必要があり、「現役期」「退職期前後」「高齢期」に区分して考えることは有益である。
B. 「現役期」においては、一般に、収入よりも支出の方が多いことが多く、資産形成自体が困難なことから、長期・積立・分散投資に最もふさわしくない時期である。
C. 「退職期前後」においては、ライフスタイルを維持しながら、老後の生活費が枯渇しないように資産寿命を延ばすことが重要である。退職後も人生が続くことを踏まえて、資産運用の継続とその後の計画的取崩しを考える必要がある。一般に、現役期に比べてリスク許容度は小さくなる。
D. 「高齢期」においては、一般に、リスク許容度は「保守的」となり、資産を取り崩しながら、認知・判断能力の低下・喪失といった心身の変化に備え、金融取引をシンプルにしておく必要がある。

正解　B

解説　➡　第1節「アセット・アロケーション」

　資産運用の目的や期待するリターン、リスク許容度は、ライフステージによって大きく異なる。資産運用におけるライフステージは、大きく「現役期」、「退職期前後」、「高齢期」の3つに分けることが有益であるが、この区分は法令によって定められたものではない。

　「現役期」においては、早い時期から資産形成を行うことが重要である。資産形成のため拠出できる金額が小さくとも、リスク許容度は比較的大きく、投資期間は長いため、長期・積立・分散投資が最もふさわしい時期である。

　「退職期前後」においては、ライフスタイルを維持しながら、老後の生活費が枯渇しないように資産寿命を延ばすことが重要である。長期・積立・分散投資を始めても遅くないと考えられるが、高齢化社会において退職後も人生が続くことを踏まえて、資産運用の継続とその後の計画的取崩しを考える必要がある。特に計画的取崩しが必要な局面に入ると、運用に失敗しても他の手段で回復することが期待できないので、リスク許容度は小さくなる。

　「高齢期」においては、資産の取り崩しをしながら、認知・判断能力の低下・喪失といった心身の変化に備え、金融取引をシンプルにしておく必要があることから、リスク許容度は「保守的」の場合が多くなる。

　ライフステージの変化は、資産運用のあり方について見直すきっかけといえる。しかし、個人ごとにリスク許容度は様々であり、こうした区分を踏まえつつ、顧客の属性や意向等に応じて対応することが肝要である。

(3) NISA口座

NISA口座に関する次の記述のうち、最も**適切でない**ものはどれか。

A．NISAは、2014年にスタートした個人投資家のための税制優遇制度の
　ことで、毎年一定額の非課税投資枠が設定され、株式・投資信託等
　の配当・譲渡益等が非課税対象となる。

B．2024年スタートの新しいNISAは、日本に住む18歳以上を対象とし、
　非課税保有限度額は1,800万円（簿価残高方式で管理）である。

C．2024年スタートの新しいNISAには、①制度の延長、②非課税保有期
　間の長期化、③生涯非課税保有限度枠の撤廃、④年間投資枠の撤廃、
　といった特徴（変更点）がある。

D．2024年スタートの新しいNISAの成長投資枠とは、上場株式等へ幅広
　く投資ができる枠（従来の一般NISA）のことをいい、つみたて投資枠
　とは、一定の投資信託を対象とする長期・積立・分散投資の枠（従来
　のつみたてNISA）のことをいう。

正解　C

解説　➡　第２節「アセット・ロケーション」

　NISAは、「NISA（非課税口座）」内で毎年一定金額の範囲内で購入した金融商品から得られる利益が非課税になる制度で、2014年からスタートした。2023年度の税制改正によって、2024年から新しいNISAが開始された。

　2024年スタートの新しいNISAは、日本に住む18歳以上を対象とし、非課税保有限度額は1,800万円（簿価残高方式で管理）である。

　2024年スタートの新しいNISAには、①制度の恒久化（旧NISAは時限措置であったが、恒久化され無期限となった）、②非課税保有期間の無期限化（旧NISAの非課税保有期間の制限が撤廃された）、③生涯非課税保有限度枠の採用（１人につき1,800万円の非課税保有限度枠が設けられ、かつ枠の再利用が可能になった）、④年間投資枠の拡大（新NISAでは成長投資枠が240万円、つみたて投資枠が120万円となり、合計360万円に引き上げられた）、といった特徴（変更点）がある。

　2024年スタートの新しいNISAの成長投資枠とは、上場株式等へ幅広く投資ができる枠（従来の一般NISA）のことをいい、つみたて投資枠とは、一定の投資信託を対象とする長期・積立・分散投資の枠（従来のつみたてNISA）のことをいう。

(4) iDeCo

iDeCoに関する次の記述のうち、最も<u>適切でない</u>ものはどれか。

A．iDeCoは、公的年金にプラスして給付が受けられる年金制度で、原則として、20歳以上65歳未満の公的年金の被保険者が加入できる。

B．iDeCoでは、自分で金額を決めて掛金を払い、自分が選んだ投資信託、保険商品、預貯金等の商品で運用した後、年金や一時金として受け取る。受け取り金額は積立金と運用損益の合計となるため、運用成果に応じて変動する。

C．iDeCoには、①掛金が全額所得控除される、②利益・運用益が出た場合でも課税されない税金上のメリットがあるが、受取時には各種控除の対象とはならない。

D．iDeCoには、①原則60歳まで資産の引出しができない、②運用の結果によって受取額が変動するため元本割れのリスクがある、③加入から受け取りが終了するまで手数料がかかる、といった注意点がある。

正解　C

解説　➡　第2節「アセット・ロケーション」

　iDeCoは、国民年金基金連合会が実施している、個人型確定拠出年金制度である。

　公的年金にプラスして給付が受けられ、原則として20歳以上65歳未満の公的年金の被保険者(60歳以上は国民年金の任意加入被保険者か厚生年金の被保険者)が加入できる。ただし、企業型確定拠出年金においてマッチング拠出を利用している場合は加入できない。

　iDeCoは、月々5,000円から始められ、掛け金額を1,000円単位で自由に設定できる。また、いつでも掛け金の拠出を止めることができる。運用資産は、運用管理機関が選定・提示するラインアップ(投資信託、保険商品、預貯金等)の中から加入者自身が商品を選ぶ。受け取り金額は積立金と運用損益の合計となるため、運用成果に応じて変動する。

　iDeCoは企業型確定拠出年金と同じく税金上のメリットがある。①掛金が全額所得控除される、②運用益が出た場合でも課税されない、③受取時には各種控除の対象となり一定額まで課税されない、といったことがあげられる。

　なお、iDeCoに加入するにあたっては、以下の点に注意する必要がある。①原則60歳まで資産の引出しができない、②運用の結果によって受取額が変動するため、元本割れのリスクがある、③加入から受け取りが終了するまで手数料がかかる、といった点である。

(5) 特定口座と一般口座

特定口座と一般口座に関する次の記述のうち、最も<u>適切でない</u>ものはどれか。

A. 個人投資家は、特定口座と一般口座の2種類の口座を開設できる。特定口座は1つの金融機関においては1つだけ開設することができる。

B. 特定口座を選択すると、金融機関が年間取引報告書を作成する。

C. 特定口座で「源泉徴収あり」を選択すると、原則確定申告は不要であるが、譲渡損の繰越控除を利用する場合は確定申告が必要である。

D. 一般口座では、金融機関が「年間取引報告書」を作成するので、個人が1年間の譲渡益を自ら計算して確定申告する必要はない。

正解　D

解説 ➡ 第2節「アセット・ロケーション」

　一般に、資産運用によって得られる配当、利子、分配金、譲渡益については、課税されるため、個人投資家は一般口座を開設し、確定申告する必要がある。この煩わしさを軽減する目的で2003年に創設されたのが特定口座である。

　個人投資家は、特定口座と一般口座の2種類の口座を開設できる。特定口座については、1つの金融機関において1つだけ開設することができる。

　特定口座には、「源泉徴収あり」と「源泉徴収なし」の2つの選択肢がある。「源泉徴収あり」を選択すると税金は源泉徴収されるため、確定申告をする必要のない給与所得だけの個人の場合は、この口座を利用すれば確定申告は不要となる。ただし、譲渡損の繰越控除の適用を受ける場合や他の金融機関の口座との損益通算をする場合には、確定申告が必要である。

　特定口座では、金融機関が「年間取引報告書」を作成して顧客に送付するが、一般口座では、金融機関は「年間取引報告書」を作成しないので、顧客が1年間の譲渡益を自ら計算して確定申告する必要がある。

第1章
第2章
第3章
第4章
第5章
第6章
第7章
第8章
第9章
第10章
第11章
第12章
ケース・スタディ

(6) 特定口座内での取引

特定口座（源泉徴収あり）内で以下の株式の取引を行った場合、XX07年9月3日に売却した200株の1株当たり（ア）取得価額、（イ）譲渡益、（ウ）譲渡所得税等税率の組合せとして、最も適切なものは次のうちどれか。

なお、売買委託手数料や消費税は考慮しないこととする。

A.（ア）4,129、（イ）1,700、（ウ）15.315
B.（ア）4,129、（イ）1,171、（ウ）20.315
C.（ア）4,250、（イ）1,050、（ウ）20.315
D.（ア）4,820、（イ）480、（ウ）15.315

取引日	取引種類	株数（株）	約定単価（円）
XX01年2月10日	買付	200	3,600
XX03年5月30日	買付	300	4,250
XX05年11月5日	買付	100	4,820
XX07年9月3日	売却	200	5,300

正解　B

解説　➡　第2節「アセット・ロケーション」

特定口座（源泉徴収あり）内での譲渡益の計算である。

$$取得価額＝(3,600円×200＋4,250円×300＋4,820円×100)／600$$
$$＝4,128.3 \Rightarrow 4,129円$$
$$譲渡益＝5,300円－4,129円＝1,171円$$

　特定口座（源泉徴収あり）内の取引は、譲渡益に対しては20.315％（所得税15％、住民税5％、復興特別所得税0.315％）の税率が適用され、源泉徴収される。

第4章　資産運用市場

(1) 金融市場

金融市場に関する次の記述のうち、最も<u>適切でない</u>ものはどれか。

A. 資金余剰部門が発行する証券を資金不足部門が購入することで資金移転する仕組みを直接金融という。
B. 資金余剰部門の余剰資金を銀行が仲介者となって資金不足部門に貸し付ける仕組みを間接金融という。
C. 企業等が新たに証券を発行して資金調達を行う場のことを発行市場（プライマリー・マーケット）という。
D. 既発行の証券が投資家間で売買される場のことを流通市場（セカンダリー・マーケット）という。

正解　A

解説 ➡ 第1節「金融市場の仕組みと機能」、第9章第1節「企業に投資する意味合い」

　資産運用においては、金融市場が重要な役割を果たす。金融市場とは、余剰資金のある資金余剰部門と資金を必要としている資金不足部門の資金過不足を調整する場のことをいう。

　資金不足部門が発行する証券(株式や債券等)を資金余剰部門が購入することで資金移転する仕組みを直接金融といい、銀行等の金融機関が仲介者となって資金余剰部門から集めた資金を資金不足部門に貸し付ける仕組みを間接金融という。つまり、証券市場を通じて資金余剰部門から直接資金調達するのが直接金融、銀行等の金融機関から借り入れて資金調達するのが間接金融である。

　また、企業等が新たに証券を発行して資金調達を行う場のことを発行市場(プライマリー・マーケット)、既発行の証券が投資家間で売買される場のことを流通市場(セカンダリー・マーケット)という。

＜直接金融と間接金融＞
直接金融

投資

証券
(配当・利子)

家計　　預金　　銀行　　貸付　　企業

利息　　　　　利息

間接金融

41

(2) 株式の発行市場

株式の発行市場に関する次の記述のうち、最も<u>適切でない</u>ものはどれか。

A. ブックビルディング(BB)方式とは、新規株式公開(IPO)を行う際に、公開株式に対する投資家の需要調査と株式市場の動向を踏まえて公募価格を決定する方式のことをいう。

B. 公開価格と比べて初値(上場初日の株価)は高くなりやすく、公開価格が低すぎるためではないかという観点からアンダープライシングと呼ばれる。

C. 公募増資では、特定の投資家を対象に株主を募集する。その時点の株価よりかなり低い価格で発行され、時価発行増資とも呼ばれる。

D. 発行済みの株式数を増やすために、既存の株主に対して、一定の割合で株式を無償で割り当てることを株式分割という。株価が下がるため、株式分割の前後で株式価値が変わるわけではない。

正解　C

解説　➡　第3節「証券の発行市場と流通市場」

　株式を公開（上場）して、一般投資家の投資対象とする手続きのことを新規株式公開（IPO）という。IPOの際には、引き受け会社が中心となって公開価格を決定するが、現在では、投資家の需要調査と株式市場の動向を踏まえて公募価格を決定するブックビルディング（BB）方式が主流となっている。

　公開価格と比べて初値（上場初日の株価）は高くなりやすく、公開価格が低すぎるためではないかという観点からアンダープライシングと呼ばれる。

　上場後に株式を追加発行（増資）する場合に、特定の投資家に限らず広く一般に株主を募集する方法を公募増資という。その際の公募価格を発行時点の株価より若干低くする時価発行増資が一般的である。

　発行済みの株式数を増やすために、既存の株主に対して、一定の割合で株式を無償で割り当てることを株式分割という。一般的に、株式分割が行われると、分割の前後で株式時価総額が概ね一定となるように株価が下落することが多いため、株式分割の前後で株式価値が変わるわけではない。

第1章
第2章
第3章
第4章
第5章
第6章
第7章
第8章
第9章
第10章
第11章
第12章
ケース・スタディ

(3) 債券の発行と取引の仕組み

債券取引の仕組みに関する次の記述のうち、最も適切でないものはどれか。

A. 証券取引所には一部の債券しか上場されておらず、債券取引は、ほとんどすべてが店頭取引で行われている。

B. 債券取引において、投資家の立場からみると、ビッド・アスク・スプレッドはコスト要因となる。

C. 債券取引の透明性の欠如を補うために、個別銘柄ごとの売り手・買い手と取引価格の詳細情報が公表されている。

D. 国債以外の大半の債券は募集方式で発行されている。募集のうち、幅広く一般投資家を対象に投資の勧誘を行う形態を公募という。

正解　C

解説 ➡ 第3節「証券の発行市場と流通市場」

債券取引は店頭取引が中心であり、投資家と債券ディーラーとの間で、ディーラー方式で売買が行われる。一部の債券は証券取引所に上場されており、オークション方式で売買されるが、実質的にほとんどすべての債券取引が店頭取引で行われている。

ディーラー方式では、ディーラーが買い気配（ビッド）と売り気配（アスク）を提示し、投資家がこれに応じる形で売買が行われる。買い気配（ビッド）と売り気配（アスク）の差をビッド・アスク・スプレッドと呼ぶ。投資家の立場からみると、相対的に高い売り気配（アスク）で購入して、それよりも低い売り気配（アスク）で売ることになるため、ビッド・アスク・スプレッドはコスト要因となる。ディーラーは価格変動リスクの大きい証券や流動性が乏しく売買成立までに時間がかかると見込まれる証券ほど、ビッド・アスク・スプレッドを大きくする傾向がある。

証券取引所におけるオークション取引に比べ、ディーラー方式は、価格形成過程の透明性が低い。このような債券取引の透明性の欠如を補うために、日本相互証券や日本証券業協会は、個別銘柄ごとの価格や利回りの平均値や中央値、高値・安値等の集約した情報を公表している。個別銘柄ごとの売り手・買い手や取引価格の詳細情報が公表されているわけではない。

国債以外の大半の債券は募集方式で発行されている。募集のうち、幅広く一般投資家を対象に投資の勧誘を行う形態を公募という。これに対して、発行額は限定的になるが、特定の投資家にだけ投資の勧誘を行う募集形態があり、私募と呼ばれる。

(4)　株式取引の仕組み

　　株式取引の仕組みに関する次の記述のうち、最も<u>適切でない</u>ものはどれか。

A．東京証券取引所は、2022年4月に、各市場区分のコンセプトの明確化と持続的な企業価値向上の実現への寄与を目的に、市場区分を「プライム市場」「スタンダード市場」「グロース市場」に再編した。

B．株式取引においては、株価の急激な変動を避けるため、株価の変化幅には一定の制限が設けられており、それ以上(以下)の上昇(下落)ができない価格をストップ高(ストップ安)という。

C．現在、上場会社においては、株券の発行は行われておらず、株式の売買が行われると、日本証券クリアリング機構と証券会社の口座の間で保有株式の移転が行われる。

D．株式取引においては、売買が成立してから、その日を含めて2営業日目(T＋1)に決済が行われる。

正解　D

解説 ➡ 第4節「証券市場での取引の仕組み」、第9章第1節「企業に投資する意味合い」

東京証券取引所の上場銘柄は、2022年3月までは、市場第一部と市場第二部に加えて、マザーズとジャスダックという複数の新興企業向け市場に区分されていた。しかし、「各市場区分のコンセプトが曖昧」「上場会社の企業価値向上に向けて役割を果たしていない」等の課題があった。このため、東京証券取引所は2022年4月に、各市場区分のコンセプトの明確化と持続的な企業価値向上の実現への寄与を主な目的として、市場を以下の3つに再編した。

プライム市場	グローバルな投資家との建設的な対話を中心に据えた企業向けの市場
スタンダード市場	公開された市場における投資対象として十分な流動性とガバナンス水準を備えた企業向けの市場
グロース市場	高い成長可能性を有する企業向けの市場

株式の取引においては、株価の急激な変動を避けるため、株価の変化幅には前日の終値を基準にして一定の制限が設けられており、それ以上（以下）の上昇（下落）ができない価格をストップ高（ストップ安）という。

また、株式の取引を完了させることを決済といい、決済日は約定日（T）から起算して3営業日目（T＋2）になる。決済は、株券の決済と代金の決済に分けて行われるが、現在、上場会社においては、株券の発行は行われておらず、株主名簿によって管理されている。株式の売買が行われると、日本証券クリアリング機構と証券会社の口座の間で保有株式数の移転が行われる。

第 5 章　資産運用の基本

(1) リターンとリスク

　リターンとリスクに関する次の記述のうち、最も<u>適切でない</u>ものはどれか。

A．何らかの資産に投資して得られたリターンを実現リターン、投資する前の段階でどの程度リターンが見込めるかを期待リターンという。

B．リスクには、価格変動リスク、信用リスク、流動性リスク、為替リスク等がある。

C．株価が上下することに伴うリスクは流動性リスクである。

D．価格変動リスクの大きさは、分散によって示すことができる。その値が大きいほど価格変動リスクは大きいといえる。

正解　C

解説　➡　第2節「リターンとリスク」、第3節「リターンの種類と計算方法」、第4節「様々なリスク」

　資産へ投資をして、一定期間運用した場合の成果をリターン（収益率）という。実際に何らかの資産に投資して得られたリターンを実現リターン、投資する前の段階で見込まれるリターンを期待リターンという。

　主なリスクとしてテキストでは、価格変動リスク、信用リスク、流動性リスク、為替リスクを取り上げている。

　株式価格が上下することに伴うリスクは価格変動リスクである。価格変動リスクは分散や標準偏差によって示すことができる。分散や標準偏差は、平均値からのバラツキの度合いを示す指標で、値が大きいほど（バラツキが大きいほど）リスクは大きく、小さいほど（バラツキが小さいほど）リスクは小さいことを示す。

(2) リターンの実績表

　以下は、X社株式のXX00〜XX02年度における年度ベースのリターンの実績表である。（　　）内に入る最も適切な数値の組合せは次のうちどれか。

A．（ア）4.35、（イ）2.78
B．（ア）4.23、（イ）2.90
C．（ア）4.29、（イ）2.86
D．（ア）4.35、（イ）2.90

年月	年度末株価	年間配当	リターン	
			キャピタル	インカム
XX01年3月	710円	15円	1.43%	2.14%
XX02年3月	690円	15円	▲2.82%	2.11%
XX03年3月	720円	20円	（　ア　）%	（　イ　）%

正解　D

解説　➡　第3節「リターンの種類と計算方法」

　与えられたリターンの実績表の各年度末の株価と年間の配当金から、次のように計算できる。

　キャピタル・リターン＝$(720-690) \div 690 = 0.0435 (4.35\%)$
　インカム・リターン＝$20 \div 690 = 0.0290 (2.90\%)$

　ちなみに、トータル・リターンは、キャピタル・リターンとインカム・リターンの合計であるので、上記の例におけるトータル・リターンは、以下のとおり計算できる。

　トータル・リターン＝$4.35 + 2.90 = 7.25\%$

(3) 割引率と現在価値

　割引率を使うことでキャッシュフローの将来価値から、その現在価値を計算することができる。求められる現在価値に関する次の記述のうち、最も<u>適切でない</u>ものはどれか。（なお、無リスク金利は一定で、割引率は正の値とする）

A. 割引率は、無リスク金利とリスクプレミアムによって決まる。リスクプレミアムは、将来のキャッシュフローが保証されていないことに伴うリスクに応じて決定され、リスクが大きいほど大きくなる。

B. 将来のキャッシュフローを一定とすると、割引率が大きいほど、その現在価値は小さくなる。

C. 将来の予想されるキャッシュフローが同じでも、その発生が確実なほど、現在価値は小さくなる。

D. キャッシュフローの現在価値は、そのキャッシュフローを得られるまでの時間が長いほど小さくなる。

正解　C

解説　➡　第5節「割引率と現在価値」

　割引率を用いて将来のキャッシュフローを現在価値に換算する場合を考える。

　割引率は、無リスク金利とリスクプレミアム（将来のキャッシュフローが保証されていないことに伴うリスクに応じた上乗せ分）の合計によって計算される。リスクが大きいほどリスクプレミアムは大きくなり、割引率も大きくなる。

　　　割引率＝無リスク金利＋リスクプレミアム

　また、割引率を使って、毎年一定のキャッシュフローが発生する場合の現在価値の合計を求める一般的な公式は、テキストでは（5－4）式として示されている。この式から、以下のような関係が導かれる。

・将来の予想されるキャッシュフローを一定とすると、割引率が大きいほど、そのキャッシュフローの現在価値は小さくなる。逆に割引率が小さいほど、その現在価値は大きくなる。

・将来の予想されるキャッシュフローの発生がより確実なほど、リスクプレミアムは小さくなり（割引率は小さくなり）、そのキャッシュフローの現在価値は大きくなる。逆に、発生が確実でないほど、リスクプレミアムは大きくなり（割引率は大きくなり）、現在価値は小さくなる。

・キャッシュフローの現在価値は、そのキャッシュフローを得られるまでの時間が長いほど、小さくなる。逆に、そのキャッシュフローが得られるまでの時間が短いほど、大きくなる。

(4) 債券の理論価格とリスクプレミアム

　　以下は、債券の理論価格とリスクプレミアムに関する記述である。文中の空欄に入る数字の組合せとして、最も適切なものは次のうちどれか。

(1)　1年後に150万円で償還される予定の割引債が取引されている。無リスク金利が2％、リスクプレミアムが3％のとき、この債券の理論価格は（　ア　）である。

(2)　1年後に150万円で償還される予定の割引債が136万円で取引されている。無リスク金利が2％であるとすると、この債券のリスクプレミアムは（　イ　）である。

A．（ア）142万円、（イ）8.3％
B．（ア）142万円、（イ）10.0％
C．（ア）145万円、（イ）10.0％
D．（ア）147万円、（イ）8.3％

正解　A

解説　➡　第5節「割引率と現在価値」

　　将来得られるキャッシュフローの現在価値を求める際に使用する割引率は以下の式のように無リスク金利とリスクプレミアムを合計したものである（テキスト(5－6)式）。

　割引率＝無リスク金利＋リスクプレミアム・・・①

　現在価値は、将来価値から以下の式により計算できる（テキスト（5－2）式）。

　現在価値＝将来価値÷（1＋割引率）$^{期間（年数）}$・・・②

　問題文にある1年後に150万円で償還される予定の割引債は、1年後に得られる150万円のキャッシュフローと同じであると考えられる。このため、その現在価値がこの債券の理論価格となる。期間（年数）は1であるので、これを②式に当てはめると以下の式になる。

　理論価格＝将来価値÷（1＋割引率）・・・③

　㋐の値は、問題文より、割引率＝2％＋3％＝5％（0.05）であるので、
　理論価格＝150万円÷（1＋0.05）＝142万円となる。

　㋑の値については、式③を変形すると、
　　割引率＝（将来価値÷現在価値）－1
　　式①より、
　　リスクプレミアム＝割引率－無リスク金利　となる。

ここに現在価値（136万円）と将来価値（150万円）を当てはめると、
　　割引率＝150÷136－1＝0.103（10.3％）、
　　リスクプレミアム＝10.3％－2.0％＝8.3％　となる。

　なお、設問の(1)と(2)は1年後に得られるキャッシュフローの額と無リスク金利は同じで、リスクプレミアムが異なっている。他の条件が同じであれば、リスクプレミアムの小さな（＝将来のキャッシュフローの発生の確実性が高い）(1)の債券の現在価値の方が、リスクプレミアムの大きな（＝将来のキャッシュフローの発生の確実性が低い）(2)の債券の現在価値よりも高くなっていることが分かる。

(5) 72の法則

投資資金が2倍になる期間を簡単にみつける方法として「72の法則」がある。これは、投資期間と運用利回りの積を用いて計算する簡便的な手法である。この法則を使って計算した場合、文中の空欄に入る数字の組合せとして最も適切なものは次のうちどれか。

「運用利回りが3％であるとき、100万円の資金を2倍の200万円にするために必要な投資期間は（　ア　）年となる。また、100万円の資金を15年間で200万円に増やしたいとき、必要とされる運用利回りは（　イ　）％となる。」

A.（ア）24、（イ）4.8
B.（ア）24、（イ）6.2
C.（ア）32、（イ）4.8
D.（ア）36、（イ）6.2

正解　A

解説 ➡ コラム5－1「72の法則」

　投資資金が2倍になる投資期間を簡単にみつける方法として「72の法則」がある。これは、金利がr%、投資期間がn年間のとき、投資資金を2倍にするために、r×n＝72となるように投資期間と運用利回りを組み合わせる簡便的な手法である。

　この式をn＝72÷rと書き換えると、運用利回りが与えられているときに、投資資金を2倍にするために必要な投資期間を求めることができる。
　問題にあるように、運用利回りが3％であれば、n＝72÷3（％）＝24（年）が、必要な投資期間となる。

　また、この式をr＝72÷nと書き換えると、投資期間が与えられているときに、投資資金を2倍にするために必要な運用利回りを求めることができる。
　問題にあるように、投資期間が15年であれば、r＝72÷15＝4.8（％）が、必要な運用利回りとなる。

第1章 第2章 第3章 第4章 第5章 第6章 第7章 第8章 第9章 第10章 第11章 第12章 ケース・スタディ

(6) 資産の実質価値とインフレーション

　物価の変動は、資産の価値に影響を与える。以下の文章中の空欄に入る数字の組合せとして、最も適切なものは次のうちどれか。

(1) 名目値ベースの資産価格が50万円から5年後に60万円に20％上昇した。一方、この間、10％のインフレが起こったとすると、実質値ベースでの資産価格の上昇率は（　ア　）％である。

(2) 300万円を預金に預けたところ利子がついて3年後の預金残高は310万円になった。一方、この間、5％のインフレが起こったとすると、3年後の実質値ベースでの預金残高は、（　イ　）万円である。

A.（ア）9、（イ）295
B.（ア）10、（イ）300
C.（ア）11、（イ）303
D.（ア）12、（イ）305

正解　A

解説　➡　第6節「名目値と実質値」

　基準時点の資産価格をPとし、この時点で名目値と実質値は等しいとする。資産価格の名目値ベースの上昇率をn、実質値ベースの上昇率をr、一定期間（ここでは3年と5年）のインフレ率をπとすると、

一定期間後の名目値ベースの資産価格＝P×（1＋n）・・・①
一定期間後の実質値ベースの資産価格＝P×（1＋r）・・・②
一定期間後の実質値ベースの資産価格の名目値
$$＝P×（1＋r）×（1＋π）・・・③$$

①と③は等しいので、
$$P×（1＋n）＝P×（1＋r）×（1＋π）$$
したがって、
$$（1＋n）＝（1＋r）×（1＋π）・・・④$$

(1)　④において、n＝0.2、π＝0.1なので、
$$1＋r＝（1＋0.2）÷（1＋0.1）＝1.2÷1.1＝1.09$$
したがって、r＝0.09（9％）

　　この資産の価格は、名目値ベースでは20％上昇しているが、インフレの影響を除く実質値ベースでは、9％の上昇に過ぎなかったことになる。

(2)　300万円を預金に預けたところ利子が付いて3年後には残高が310万円に増えたということは、310÷300＝1.033から、預金という資産の価格が3年間で、名目値ベースで3.3％上昇したことになる。

　　④によれば、
$$1＋0.033＝（1＋r）×（1＋0.05）となるので、$$
$$1＋r＝1.033÷1.05＝0.984$$
したがって、3年後の実質値ベースの預金残高は、
$$P×（1＋r）＝300×0.984≒295である。$$

この預金は、名目値ベースでは、300万円から310万円に増えているが、実質値ベースでは、295万円に減少している。

これらにより、物価の変動（インフレーション、デフレーション）は、実質値ベースでの資産の価値に影響を与えることがわかる。物価の変動は資産運用に当たっても考慮すべきポイントとなる。

第 6 章　資産運用における財務諸表の活用

第1章

第2章

第3章

第4章

第5章

第6章

第7章

第8章

第9章

第10章

第11章

第12章

ケース・スタディ

　企業会計のルールに関する次の記述のうち、最も<u>適切でない</u>ものはどれか。

A. 長期にわたるプロジェクトにおいては、工事の進捗状況に応じて売上高を計上する工事進行基準が採用されていたが、現在では契約内容や業務の性質を考慮する新収益認識基準が採用されている。

B. 金融資産に関しては、時価が大幅に減少して回復の見込みが乏しい場合には損失を計上させる減損会計が採用されている。

C. 土地価格の下落、為替レートや金利の変動等に伴う損益の調整を行うために包括利益概念が導入され、現在では当期純利益に代わって損益計算書上の最終利益となっている。

D. 企業活動の複雑化やグローバル化を背景に、個々の株式会社単位ではなく、グループ会社の財務諸表を合算して作成する連結財務諸表が開示情報の中心的な位置付けとなっている。

正解　C

解説 ➡ 第1節「財務諸表の役割」、第2節「企業会計の ルール」

　企業には、経営状態が良好な時には売上高や利益を控えめにして、逆に経営状態が悪化した時には売上高や利益を過大に表示したいというインセンティブが存在する。このような恣意的な判断によって財務諸表にゆがみが生じることを防ぐために、財務諸表の作成に関して企業会計のルールが定められている。

　製造工程が長期にわたるプロジェクトにおいては、かつては工事の進捗状況に応じて売上高を計上する工事進行基準が採用されていたが、現在では顧客との契約内容や業務の性質、契約履行義務の配分額の算定等に関する根拠を明示するよう求める新収益認識基準が採用されている。

　バブル崩壊後、金融資産に関して時価会計主義が導入された。具体的には、時価が大幅に下落して回復の見込みが乏しい場合には、資産価値を減少させて損失を発生させる減損会計が採用された。

　土地価格の下落、為替レートや金利の変動等に伴う損益の調整を行うために、従来の代表的な利益概念である当期純利益に加えて包括利益概念が導入されている。ただし、包括利益の導入後も、当期純利益が利益概念の中心的な位置付けであることには変わりはなく、包括利益は、損益計算書ではなく、包括利益計算書という新たな財務諸表の中で明細が示されている。「包括利益計算書」は、期末資産＝期首資産＋包括利益（当期純利益＋その他の包括利益）という形で、「貸借対照表」と「損益計算書」の関係を示すものとなっている。
　このほか、「株主資本等変動計算書」では純資産各項目の変動の明細が示されている。

(2) 財務諸表

財務諸表に関する次の記述のうち、最も<u>適切でない</u>ものはどれか。

A. 貸借対照表は、貸方(負債・純資産の部)と借方(資産の部)を比較した財務諸表で、貸方は資金の調達状況を、借方は資金の活用状況を表している。

B. 損益計算書は、一定期間の損益の状況をまとめたもので、売上高から始まって当期純利益が最終項目となる。

C. 利益剰余金と当期純利益の間には、「(当期末の利益余剰金)=(前期末の利益余剰金)+(当期純利益)-(配当金)」の関係が成り立ち、これをクリーンサープラス関係という。

D. キャッシュフロー計算書は、資金の流入と流出の状況をまとめたもので、営業活動、投資活動、非財務活動(環境問題等への対応)によるキャッシュフローに区分されている。

正解　D

解説 ➡ 第1節「財務諸表の役割」、第2節「企業会計のルール」、第3節「財務諸表の種類」

　主要な財務諸表には、「貸借対照表」「損益計算書」「包括利益計算書」「株主資本等変動計算書」「キャッシュフロー計算書」がある。

　資産、負債、純資産というストック項目に関する期末時点の明細が「貸借対照表」であり、収益と費用というフロー項目の明細が「損益計算書」である。「キャッシュフロー計算書」は、資金の流入と流出の状況をまとめたもので、営業活動、投資活動、財務活動（非財務活動ではない）のそれぞれによるキャッシュフローに区分される。

(3) 営業活動によるキャッシュフロー

　以下は、ある企業の財務データの一部である。この資料によると、営業活動によるキャッシュフローとして最も適切なものは次のうちどれか。

A. 195億円
B. 275億円
C. 315億円
D. 375億円

（単位：億円）

当期純利益	300
減価償却実施額	40
売掛金の増加	30
棚卸資産の増加	15
買掛金の減少	20

ただし、符号はつけていない。

正解　B

解説　➡　第3節「財務諸表の種類」

　営業活動によるキャッシュフローは、本業である事業でどれだけのキャッシュ（現金）が生み出されているかを表すもので、以下により算出される。

　営業活動によるキャッシュフロー
　＝当期純利益＋減価償却実施額－売掛金の増加－棚卸資産の増加＋買掛金の
　　増加（または、－買掛金の減少）

　ここに問題文のデータを当てはめると、

　営業活動によるキャッシュフロー＝300＋40－30－15－20＝275（億円）となる。

(4) 安全性に関する指標

　以下は、ある企業の財務データの一部である。この資料によると、この企業の当座比率として最も適切なものは次のうちどれか。

A．80%
B．100%
C．120%
D．150%

（単位：億円）

流動資産	600
現預金・有価証券	300
売掛金	100
棚卸資産	200
流動負債	500
買掛金	400
短期借入金	100

正解　A

解説 ➡ 第4節「財務諸表分析」

　企業の短期的な債務返済能力を示す代表的な指標としては、次の流動比率がある。

$$流動比率 = \frac{流動資産}{流動負債}$$

　流動資産＝現預金・有価証券＋売上債権（売掛金）＋棚卸資産
　流動負債＝買入債務（買掛金）＋短期借入金　である。

　流動資産のうち、棚卸資産は実際に販売して現金化できるかは確定的ではないため、流動負債を返済するための原資としては他の流動資産より確実性が劣る。そこで、流動資産から棚卸資産を除いた金額（当座資産という）で、どの程度流動負債をカバーできるかを示す比率が、より保守的な安全性の指標として用いられている。

$$当座比率 = \frac{当座資産}{流動負債}$$

$$= \frac{現預金・有価証券＋売上債権（売掛金）}{流動負債}$$

問題文のデータを当てはめると、

　当座比率 ＝（300 ＋ 100）÷ 500 ＝ 0.8（80％）　　となる。

＜別解＞
　当座資産は流動資産から棚卸資産を除いた金額であるので、問題文のデータを当てはめると、

　当座資産 ＝ 600 － 200 ＝ 400　　となり、
　当座比率 ＝ 400 ÷ 500 ＝ 0.8（80％）　となる。

(5) デュポン方式による収益性分析

　以下は、ある企業の財務データの一部である。デュポン方式による収益性分析の結果について、それぞれの指標に該当する最も適切な数値の組合せは次のうちどれか。
　(ア)ROE、(イ)売上高当期純利益率、(ウ)総資産回転率、(エ)財務レバレッジ

A. (ア)5.6%、(イ)6.7%、(ウ)0.45回、(エ)2.7倍
B. (ア)5.6%、(イ)6.7%、(ウ)2.7回、(エ)0.45倍
C. (ア)6.7%、(イ)5.6%、(ウ)0.45回、(エ)2.7倍
D. (ア)6.7%、(イ)5.6%、(ウ)2.7回、(エ)0.45倍

（単位：億円）

総資産(期首期末平均値)	40,000
純資産(期首期末平均値)	15,000
売上高	18,000
当期純利益	1,000
配当金支払額	400

ROE＝(売上高当期純利益率)×(総資産回転率)×(財務レバレッジ)

正解　C

72

解説 ➡ 第4節「財務諸表分析」

　自己資本利益率を3つの要素に分解する分析をデュポン方式という。米国の化学メーカーであるデュポン社が事業部門の収益性を分析する目的で使い始めたことがこの名称の由来である。なお、売上高当期純利益率は売上高マージンともいう。

$$自己資本利益率（ROE） = \frac{当期純利益}{売上高} \times \frac{売上高}{総資産} \times \frac{総資産}{自己資本}$$

自己資本利益率（ROE） ＝ 当期純利益／純資産
　　　　　　　　　　　 ＝ 1,000 ／ 15,000 ＝ 0.0666（6.7％）

売上高利益率 ＝ 当期純利益／売上高
　　　　　　 ＝ 1,000 ／ 18,000 ＝ 0.0555（5.6％）

総資産回転率 ＝ 売上高／総資産
　　　　　　 ＝ 18,000 ／ 40,000 ＝ 0.45（回）

財務レバレッジ ＝ 総資産／純資産
　　　　　　　 ＝ 40,000 ／ 15,000 ＝ 2.666 ⇒ 2.7（倍）

(6) 成長性に関する指標

以下は、ある企業の財務データの一部である。持続可能成長率を計算する際の、それぞれの指標に該当する最も適切な数値の組合せは次のうちどれか。

（ア）ROE、（イ）配当性向、（ウ）持続可能成長率

A．（ア）6％、（イ）3.3%、（ウ）5.8%
B．（ア）6％、（イ）50%、（ウ）3％
C．（ア）8％、（イ）3.3%、（ウ）7.7%
D．（ア）8％、（イ）50%、（ウ）4％

（単位：百万円）

純資産（前期末）	15,000
純資産（期首期末平均値）	20,000
売上高	18,000
当期純利益	1,200
配当金支払額	600

正解　D

解説　➡　第4節「財務諸表分析」

　持続可能成長率（サステイナブル成長率）は、①自己資本利益率（ROE）と配当性向（当期純利益に対する配当の割合）が一定、②増資を行わない、③自己資本が増加した場合には追加の借入を行うことで資本構成を一定に保つ、という条件の下で安定的に達成可能な成長率を指し、以下の式で計算できる。

　持続可能成長率＝自己資本利益率×（1－配当性向）

　なお、持続可能成長率を計算する際の自己資本利益率（ROE）は、分母に期首期末平均値ではなく前期末の純資産を用いることに注意。

　自己資本利益率（ROE）＝当期純利益／純資産（前期末）
　　　　　　　　　　　＝1,200/15,000=0.08（8％）

　配当性向＝配当金支払額／当期純利益
　　　　　＝600/1,200=0.5（50％）

　持続可能成長率＝自己資本利益率×（1－配当性向）
　　　　　　　　＝0.08×（1－0.5）=0.04（4％）

第7章　ポートフォリオ理論

第1章

第2章

第3章

第4章

第5章

第6章

第7章

第8章

第9章

第10章

第11章

第12章

ケース・スタディ

(1) ポートフォリオとリスク

　ポートフォリオ理論に関する次の記述のうち、最も<u>適切でない</u>ものはどれか。

A. 「最も効用の高い」ポートフォリオとは、一般に、リスクも期待リターンも最大のポートフォリオをいう。
B. ポートフォリオ理論では、「投資家はリスク回避的である」ことを前提とする。
C. リスク回避の程度は、投資家全員が同じというわけではない。
D. リスク回避の程度が大きい投資家は、リスク回避の程度が小さな投資家に比べて、同じリスクに対してより高い期待リターンを求める。

正解　A

解説 ➡ 第1節「期待リターンとリスク」、第2節「ポートフォリオとは」、補論1（1）「中心傾向を示す統計量」、（2）「バラツキを示す統計量」

　ポートフォリオ理論とは、投資家が自身にとって最も効用（満足感）の高いポートフォリオを選択するための考え方である。「最も効用の高い」ポートフォリオとは、投資家にとってリスクと期待リターンの組み合わせが最も満足感の高いものとなっているポートフォリオである。

　一般に投資家はリスク回避的であると考えられ、ポートフォリオ理論では「投資家はリスク回避的である」ことを前提としている。

　リスク回避的な投資家は、リスクのある投資を行うことによって期待値を下回るリターンが発生した場合の不満足感を、期待値を上回るリターンが発生した場合の満足感によって埋め合わすことができないと感じる。したがって、リスク回避的な投資家は、より多くのリターンが得られないと、リスクのある投資はしない。

　リスク回避の程度は投資家によって異なる。リスク回避度が大きい投資家（リスクを強く嫌う）は、リスク回避の程度が小さな投資家（リスクをある程度許容する）に比べて、同じリスクに対してより高いリターンを求める。

　期待リターンは、将来予想される様々なシナリオが発生する確率に、そのシナリオで予想されるリターンをかけて合計したものである（テキスト（7－2）式、なおΣ（シグマ）は、各シナリオでの値を合計することを意味する）。

$$期待リターン = \Sigma（シナリオの発生確率 \times 各シナリオでのリターン）$$

　一方、投資のリスクは、期待リターンからのブレの大きさを表しており、期待リターンの標準偏差（σ（シグマ））で表される。標準偏差は、様々なシナリオで予想されるリターンと期待リターンとの差（偏差）を二乗したものに、それぞれのシナリオの発生確率を掛けて合計し（分散）、その平方根をとったものである（テキスト（7－3）式）。

$$期待リターンの標準偏差（\sigma） = \sqrt{\Sigma（発生確率 \times 偏差の二乗）}$$

　期待リターンの標準偏差が大きい（小さい）ことは、各シナリオで発生するリターンのバラツキが大きく（小さく）、リスクが大きい（小さい）ことを示す。

(2)　投資家のリスクに対する態度と選択

　投資家のリスク（＝標準偏差）に対する態度と選択に関する次の記述のうち、最も<u>適切でない</u>ものはどれか。

A．リスク回避的な投資家は、期待リターンが等しいがリスクが異なる2つの投資案があるとき、リスクの低い投資案を選択する。

B．リスク回避的な投資家は、リスクが等しいが期待リターンが異なる2つの投資案があるとき、どちらを選択しても良いと考える。

C．リスク中立的な投資家は、期待リターンが等しいがリスクが異なる2つの投資案があるとき、どちらを選択しても良いと考える。

D．リスク追求的な投資家は、期待リターンが等しいがリスクが異なる2つの投資案があるとき、リスクの高い投資案を選択する。

正解　B

解説　➡　第 3 節「投資家の効用最大化とリスク・リターン」

　期待リターンが等しい 2 つの投資案があり、一方が無リスクで、もう一方にリスクがあるとき、無リスクの投資案を選ぶ投資家を「リスク回避型」、リスクのある投資案を選ぶ投資家を「リスク追求型」、どちらでも良い投資家を「リスク中立型」という。

　リスク回避的な投資家は、リスクが等しいが期待リターンが異なる 2 つの投資案があるときは、期待リターンの高い投資案を選択する。

　また、リスク中立的な投資家は、期待リターンが等しいがリスクが異なる 2 つの投資案があるとき、どちらを選択しても良いと考え、リスク追求的な投資家は、期待リターンが等しいがリスクが異なる 2 つの投資案があるとき、リスクの高い投資案を選択する。

（3） リスク分散と相関関係

リスク分散と2証券のリターンの相関関係に関する次の記述のうち、最も<u>適切でない</u>ものはどれか。

A. 2つの証券のリターンが似た動きをしていればそれらの株式のリターンの間に正の相関が、逆の動きをしていれば負の相関があるという。
B. 2つの証券のリターンの間の相関が負であり、その相関が強い証券を組合わせたポートフォリオほどリスク分散の効果は大きい。
C. 2つの証券のリターンの間の相関が負である証券を組合わせることでポートフォリオのリスクが削減されるのは、互いにリスクを打ち消し合うためである。
D. 2つの証券のリターンの間に相関がない、すなわち無相関の証券を組合わせるとリスクをゼロにすることができる。

正解　D

解説　➡　第4節「ポートフォリオの分散投資」、第5節「ポートフォリオの期待リターンとリスク」、補論1（4）「2つの変数の関係を示す統計量」

　2つの変数の組合わせに注目したとき、相関の強さは、それら2つの変数がどの程度同じように動くかを意味している。同じ方向に動くときには「正の相関」が、逆に動くときには「負の相関」があるという。2つの変数の動きがお互いに無関係である場合には、無相関という。

　また、同じ（または逆）方向に動く程度が強ければ正の相関が「強い」（負の相関が「強い」）という。

　相関が負であり、その相関が強い証券を組合わせたポートフォリオほど、リスク分散の効果は大きい。これは、お互いにリスクを打ち消し合うためである。

　2つの証券のリターンの間の相関がない、すなわち無相関の証券を組合わせてもリスクを完全には打ち消し合えず、リスクをゼロにすることはできない。

2つの変数の動き	相関の正負
同じ方向に動く （一方が増えれば他方も増え、一方が減れば他方も減る）	正の相関
逆に動く （一方が増えれば他方は減り、一方が減れば他方が増える）	負の相関
お互い無関係に動く	無相関

　投資家は、できるだけ相関が負である証券を組合わせることにより、同一水準の期待リターンであっても、リスクだけを削減することができる。「すべての卵を一つのカゴに盛るな」という格言は、ここでみたような分散投資によるリスク削減効果（分散効果）と整合的なものである。

（4）　分散投資によるリスク削減効果

　一般にポートフォリオの投資銘柄数を増やし分散投資を行うことによりリスクの削減を図ることができる。下記の図の空欄にあてはまる語句の組合せとして、最も適切なものはどれか。

A．（ア）固有リスク、（イ）市場リスク、（ウ）分散効果
B．（ア）市場リスク、（イ）固有リスク、（ウ）市場効果
C．（ア）市場リスク、（イ）固有リスク、（ウ）分散効果
D．（ア）固有リスク、（イ）市場リスク、（ウ）市場効果

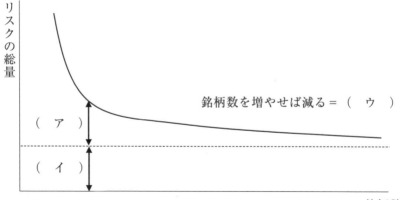

リスクの総量

銘柄数を増やせば減る＝（　ウ　）

（　ア　）

（　イ　）

銘柄数

正解　A

解説　➡　第4節「ポートフォリオの分散投資」

　一般に、ポートフォリオの銘柄数を増やしていくとリスクは減少していく（分散効果）。ただし、リスクは一定の水準までは減るが、ゼロになるわけではない。

　銘柄数を増やしていくと減少していくリスクを固有リスク（アンシステマティック・リスク）という。個別の株式固有のリスク要因を反映しているため、分散投資を行うことでリスク削減を図ることができる。

　一方、銘柄数を増やしていっても削減できないリスクを市場リスク（システマティック・リスク）という。景気変動など市場全体のリスクを表しているため、分散投資によってもリスクをすべて消去することはできない。

(5) 効率的フロンティア

効率的フロンティアに関する次の記述のうち、最も<u>適切でない</u>ものはどれか。

A. 同じリスクで最も高い期待リターンが得られる投資機会集合を表したものを効率的フロンティアという。

B. 効率的フロンティアの上では、同じリターンならばリスクは最小、逆に同じリスクならばリターンは最大となる。

C. リスク資産の中から投資対象を選ぶ場合、投資家は効率的フロンティアの内側に位置しているポートフォリオから探せば良い。

D. リスクを多く取れない投資家は効率的フロンティア上の左下のポートフォリオを選び、リスクを多く取れる投資家は右上のポートフォリオを選ぶ。

正解　C

解説　➡　第6節「効率的フロンティアと最適ポートフォリオの選択」

　リスク回避的な投資家は、同じリスクなら高い期待リターンが得られる投資案を選択する。同じリスクで最も高い期待リターンが得られる投資機会集合を表したものを効率的フロンティアという。効率的フロンティアの上では、同じリスクならば期待リターンは最大となり、逆に同じ期待リターンならばリスクは最小になる。

　より期待リターンの高いポートフォリオが加われば、効率的ポートフォリオは左上に拡大する。

　効率的フロンティアの内側にあるポートフォリオに比べると、効率的フロンティア上にあるポートフォリオは、同じリスクでより高い期待リターンが得られるため、リスク資産の中から投資対象を選ぶ場合、投資家は効率的フロンティア上に位置しているポートフォリオの候補から探せば良い。

　投資家の効用水準は、投資家の無差別曲線と効率的フロンティアとが接する点で最も高くなるため、投資家はそのポートフォリオを選択する。

　リスクを多く取れない投資家は効率的フロンティア上の左下のポートフォリオ（リスクは小さく期待リターンも低く）を選び、リスクを多く取れる投資家は右上のポートフォリオ（リスクは大きく期待リターンも高い）を選ぶ。

(6) 最適ポートフォリオ

　下図は横軸にポートフォリオのリスク(標準偏差)、縦軸にポートフォリオの期待リターン(期待収益率)を示したものである。網かけの領域はリスク資産の投資機会集合を表す。無リスク資産が存在し、その期待リターンはR_fで示される。下に凸の曲線群は、あるリスク回避的な投資家の無差別曲線である。この図に関する次の記述のうち、最も<u>適切でない</u>ものはどれか。

A. リスク資産だけからなるポートフォリオの効率的フロンティアは、曲線PQSである。

B. 無リスク資産とリスク資産を組み合わせたポートフォリオの効率的フロンティアは、直線R_fQである。

C. 無リスク資産があるとき、投資家は効用を最大化できるようにリスク資産と無リスク資産の組合せを決める。点Rがそれに当たる。

D. 無リスク資産があるとき、リスクを最小にしたい投資家はポートフォリオSを選択する。

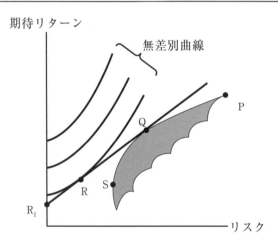

正解	D

解説　➡　第6節「効率的フロンティアと最適ポートフォリオの選択」

　リスク資産だけからなるポートフォリオの効率的フロンティアは曲線PQSである。

　無リスク資産の期待リターンを示す点R_fから延び、リスク資産だけからなるポートフォリオの効率的フロンティアと接する点Qを結ぶ直線は、リスク資産のみで構成された弓形の効率的フロンティアよりも左上側に存在する。これは、無リスク資産を保有すると、投資家の効用が高くなることを意味し、直線R_fQが無リスク資産を保有する場合の効率的フロンティアとなる。

　投資家は、自らの効用が最大になるように、点R_f（全額を無リスク資産に投資する）と点Q（全額をリスク資産だけからなるポートフォリオに投資する）の間でリスク資産と無リスク資産の組み合わせを決める。投資家の効用は無差別曲線と直線R_fQが接する点で最大となるため、投資家は点Rを選択する。このように、投資家の効用が最大となったポートフォリオを最適ポートフォリオという。

　無リスク資産があるときには、無リスク資産に全額投資すれば（点R_f）、リスクはゼロになる。点Sは、リスク資産だけからなるポートフォリオの中では最もリスクが小さいが、無リスク資産がある下では、リスクは最小ではない。

　投資家によってリスク回避度は異なり、無差別曲線も異なる。このため、最適なポートフォリオは投資家によって異なるものとなる。ゴールベース資産管理において、対話を通じて顧客のリスク許容度を把握し、顧客に適したリスクと期待リターンのポートフォリオを提案するプロセスが組み込まれていることは、ポートフォリオ理論と整合的なことである。

第8章　資本資産評価モデル（CAPM）

第1章

第2章

第3章

第4章

第5章

第6章

第7章

第8章

第9章

第10章

第11章

第12章

ケース・スタディ

(1) CAPMの概要

CAPMに関する次の記述のうち、最も<u>適切でない</u>ものはどれか。

A．ポートフォリオ理論が個人の最適な投資行動を説明するのに対して、
　　CAPMは、証券市場が均衡したときに証券の価格がどう決まるかを
　　説明する理論である。
B．CAPMは期待リターンとリスクの関係を示しており、リスクを負担
　　した分だけ期待リターンが得られるという理論モデルである。
C．市場ポートフォリオとは、市場に存在するすべてのリスク資産を時価
　　総額に比例して保有するポートフォリオで、日本株の場合、日経225
　　が市場ポートフォリオに一番近いものと考えられている。
D．CAPMの下で、すべての投資家の最適な期待リターンとリスクの比
　　例関係を示したものが資本市場線である。

正解　C

解説　➡　第1節「資本資産評価モデル(CAPM)とポートフォリオ理論」、第2節「CAPMの前提条件」、第3節「資本市場線」

　ポートフォリオ理論が個人の最適な投資行動を説明するのに対して、CAPM（「キャップエム」と読む。資本資産評価モデル）は、証券市場が均衡したときに証券の価格がどう決まるかを説明する理論である。CAPMは期待リターンとリスクの関係を示しており、リスクを負担した分だけ期待リターンが得られるという理論モデルである。

CAPMでは、モデルが複雑にならないように、主として以下の前提条件を置いている。

① 期待リターンとリスク(標準偏差)の２つの情報だけで最適な投資ポートフォリオが決定される。

② すべての投資家が同じ期待を持っている。

これらの前提のもとで、すべての投資家の最適なポートフォリオ(接点ポートフォリオ)は、市場ポートフォリオと一致する。市場ポートフォリオとは、市場に存在するすべてのリスク資産を時価総額に比例して保有するポートフォリオで、日本株の場合、TOPIXが市場ポートフォリオに一番近いものと考えられている。

CAPMの下で、すべての投資家の最適な期待リターンとリスクの比例関係を示したものが資本市場線であって、以下により示される(テキスト(8-1)式より)。ここで、r_f：無リスク資産の金利、$E(r_M)$：市場ポートフォリオの期待リターン、σ_M：市場ポートフォリオのリスク(標準偏差)、σ_P：ポートフォリオのリスク(標準偏差)である。

$$期待リターンE(r_p) = r_f + \sigma_p \frac{E(r_M) - r_f}{\sigma_M}$$

$$= 無リスク資産の金利 + \frac{市場リスクプレミアム}{市場ポートフォリオのリスク} \times \begin{array}{l}ポートフォリオの\\リスク(標準偏差)\end{array}$$

$(E(r_M) - r_f) / \sigma_M$は、１単位のリスクを負担する見返りとして投資家が得られる期待超過リターンの大きさ(シャープ・レシオ)を表し、リスクの市場価格ともいわれる。

(2)　個別株式の期待リターンと β (ベータ)

> β (ベータ)に関する次の記述のうち、最も<u>適切でない</u>ものはどれか。
>
> A.　β は、リスク(リターンのブレの大きさ)指標の1つである。
> B.　市場ポートフォリオを表す指標(例えばTOPIX)が1％上昇(下落)すれば、個別証券(i)の価格は(1 − β i)％上昇(下落)する。
> C.　CAPMでは、β が大きいほど、その株式の期待リターンは大きくなる。
> D.　CAPMでは、個別株式の期待リターンは、その株式の β に市場リスクプレミアム(市場ポートフォリオの期待リターンと無リスク金利との差)を掛けたものと無リスク資産の金利の合計となる。

正解	B

解説　➡　第4節「証券市場線と市場リスク(ベータ)」

　リスク(リターンのブレの大きさ)は標準偏差で測ることができるが、CAPMで用いられる β (ベータ)も、リスクを測ることができる。β は、個別株式のリスクの大きさが、市場ポートフォリオとの対比でどの程度なのか(市場感応度)を示している。個別株式と市場ポートフォリオのリスクの大小関係と β の値の関係は、以下のとおりである。

個別株式のリスク ＞ 市場ポートフォリオのリスク	β ＞ 1
個別株式のリスク ＝ 市場ポートフォリオのリスク	β ＝ 1
個別株式のリスク ＜ 市場ポートフォリオのリスク	β ＜ 1

　β i は、個別証券(i)と市場ポートフォリオの共分散を、市場ポートフォリオのリターンの分散で割った値である(テキスト(8-2)式より)。個別証券の収益率と市場ポートフォリオの収益率の相関が強いほど(分子の共分散の値が大

きいほど）、β は大きくなる。

$$\beta i = \frac{\text{個別証券(i)と市場ポートフォリオの共分散}}{\text{市場ポートフォリオのリターンの分散}}$$

βi は、市場全体の期待リターンが変化したときに個別銘柄(i)の期待リターンがどの程度変化するかを表している。市場ポートフォリオを示す指標（例えばTOPIX等）の期待リターンが1％上昇（下落）すれば、個別株式(i)の期待リターンは（$1 \times \beta i$）％上昇（下落）するという関係がある。

CAPMでは、個別株式(i)の期待リターン$E(r_i)$は、その株式のβに市場リスクプレミアム（$E(r_M) - r_f$）を掛けたものと無リスク資産の金利（r_f）の合計となる（テキスト（8-3）式）。

$$E(r_i) = \beta_i \underbrace{[E(r_M) - r_f]}_{\substack{\text{市場} \\ \text{リスクプレミアム}}} + r_f$$

この式は、リスクの指標であるβiに市場リスクプレミアムを掛けている。市場ポートフォリオは市場に存在するすべての株式を時価総額に比例して保有するポートフォリオ（＝最大限分散投資されている）なので、分散投資によってもなくならない市場リスクが、どの程度個別株式のリスクプレミアムに影響を与えているかを示している。上記の式に表された個別株式の期待リターンとβとの関係を図示したものを、証券市場曲線という。

上記の式の右辺にあるr_fを左辺に移すと以下の式が得られる（テキスト（8-4）式）。これは、個別株式(i)のリスクプレミアムの大きさが市場リスクプレミアムとの対比でどの程度なのかを説明している。

$$\underbrace{E(r_i) - r_f}_{\substack{\text{個別株式の} \\ \text{リスクプレミアム}}} = \beta_i \underbrace{[E(r_M) - r_f]}_{\substack{\text{市場} \\ \text{リスクプレミアム}}}$$

(3) CAPMの実務への応用

　CAPMの実務への応用に関する次の記述のうち、最も<u>適切でないもの</u>はどれか。

A．CAPMでいう市場ポートフォリオは、実務においては、TOPIXなどの資産クラスごとの代表的な市場インデックスで代替される。

B．市場ポートフォリオの代替とみなしているTOPIXなどをベンチマークとし、これに連動する成果を目指す運用手法をパッシブ運用という。

C．アルファ（α）がプラスの株式は理論価格より割高に評価されており、マイナスの株式は割安に評価されている。

D．リターンを生み出すうえで重要であると考えられるファクターを持っている株式で構成された指数をインデックスとする運用手法をスマートベータという。

正解　C

解説 ➡ 第5節「CAPMの実務への応用」

　市場ポートフォリオは、実務においては、資産クラスごとの代表的な市場インデックスで代替される。例えば、日本の株式市場では、TOPIXなどが市場ポートフォリオを代替している。

　CAPMでは市場ポートフォリオと同じ構成比率で投資することが最適であるとしている。市場ポートフォリオの代理とみなしているTOPIXなどをベンチマークとし、これに連動する成果を目指す運用手法をパッシブ運用という。これに対して、実際の証券市場は必ずしも効率的であるとは限らないという認識のもとで、市場ポートフォリオを上回る超過リターンを達成しようとする運用手法がアクティブ運用である。投資家の投資戦略によって、市場ポートフォリオが得られる超過リターンに追加して得られる可能性がある超過リターンはアルファ（a）と呼ばれるが、アクティブ運用はアルファを得ようとするものといえる。

　均衡であれば、すべての個別株式は期待リターンとベータとの関係を示す証券市場線上にあるのでアルファはゼロとなるはずである。アルファがプラスの株式があれば、当該株式の期待リターンが証券市場線上の均衡リターンを上回り、理論価格より割安に評価されていることを意味する（買いのシグナルとなる）。逆にアルファがマイナスの株式は、割高に評価されていることを意味する（売りのシグナルとなる）。

　リターンを生み出すうえで重要であると考えられるファクターを持っている株式で構成された指数をインデックスとする運用手法をスマートベータという。スマートベータは、インデックス運用とアクティブ運用の中間的な運用手法である。

（4） 運用のパフォーマンス評価

　運用のパフォーマンスを評価する方法に関する次の記述のうち、最も適切でないものはどれか。

A．シャープ・レシオは、リスク指標としてファンドの標準偏差を用い、ファンドのリターンの無リスク資産のリターンに対する超過リターンを1リスク当たりに直して計算したものである。
B．トレイナー・レシオは、リスク指標として β（ベータ）を用い、ファンドのリターンの無リスク資産のリターンに対する超過リターンを1リスク当たりに直して計算したものである。
C．インフォメーション・レシオは、ベンチマークに対するファンドの超過リターンをファンドの標準偏差で割ることによって求められる。
D．ジャンセンのアルファ（a）は、実際に得られたファンドのリターンとCAPMによって計算された期待リターンとの差として求められる。

正解　C

解説　➡　第6節「運用のパフォーマンス評価」

　CAPMは、運用のパフォーマンス評価の目的で活用することもできる。以下は、代表的なパフォーマンス評価のための指標であるが、いずれも数値が大きいほど運用のパフォーマンスが良いことを示す。

①シャープ・レシオは、無リスク資産のリターンに対するファンドの超過リターンを1リスク当たりに直して計算したものであって、リスク指標としては標準偏差が用いられる。類似する資産クラスの比較に使われるのが一般的である。

$$シャープ・レシオ = \frac{ファンドのリターン - 無リスク資産のリターン}{ファンドの標準偏差}$$

②トレイナー・レシオはリスク指標としてベータを使ったものである。

$$トレイナー・レシオ = \frac{ファンドのリターン - 無リスク資産のリターン}{ベータ(\beta)}$$

③インフォメーション・レシオは、ファンドのアクティブ・リターン（ファンドのリターンのベンチマークに対する超過リターン）をアクティブ・リターンの標準偏差（トラッキング・エラー）で割ることによって求める。実際に取ったリスクに見合った超過リターンを得られたかどうか評価するもので、ファンドの運用者の運用能力を評価する際等に使われる。

$$インフォメーション・レシオ = \frac{アクティブ・リターン}{アクティブ・リターンの標準偏差}$$

④ジャンセンのアルファ(a)は、実際に得られたファンドのリターンとCAPMによって計算された期待リターンとの差である。
CAPMにおいて個別株式(i)の期待リターン$E(r_i)$は、その株式のβに市場リスクプレミアム($E(r_M) - r_f$)を掛けたものと無リスク資産の金利(r_f)の合計値として求めることができる（$E(r_i) = \beta_i[E(r_M) - r_f] + r_f$）。

ジャンセンのアルファ(a)
　　= ファンドのリターン - CAPMによる期待リターン

第9章　株式投資

第1章

第2章

第3章

第4章

第5章

第6章

第7章

第8章

第9章

第10章

第11章

第12章

ケース・スタディ

(1) ROEと資本コスト

株式の評価に関する次の記述のうち、最も<u>適切でない</u>ものはどれか。

A. ROEは自己資本に対する利益率であり、ROAは総資本（＝総資産）に対する利益率である。

B. 総資本は自己資本と他人資本から構成される。自己資本を提供する株主が要求する株主資本コストと他人資本を提供する債権者が要求する負債コストを合わせたものが、総資本コストである。

C. 企業が利益を配当として分配しなくても、内部留保した利益を活用して新たな利益を生むことで株価が上昇すれば、投資家としては、同様の結果が得られると考えることができる。

D. ROEが株主資本コストを上回っている場合には、企業に内部留保された資金が有効に活用されていない可能性がある。

正解　D

解説　➡　第2節「株式の評価」

ROEやROAは、企業価値の評価や企業経営を考えるうえで重要な尺度である。ROEは自己資本に対する利益率であり、当期純利益（株主に帰属する利益）を自己資本で割ったものである。一方、ROAは総資本（＝総資産）に対する利益率であり、株主と債権者の双方に帰属する利益（事業利益、営業利益、経常利益）を総資本で割ったものである。

総資本は自己資本と他人資本から構成される。自己資本を提供する株主が要求するリターンが株主資本コストであり、他人資本を提供する債権者が要求するリターンが負債コストである。両者を合わせたものが、総資本コストである。

ROEが株主資本コストを上回らない場合には、企業に内部留保された資金が有効に活用されていない可能性がある。その場合、株主としては、配当として利益が配分されることが望ましいと考える。逆に、ROEが株主資本コストを上回る場合には、配当として支払われるよりも、内部留保して企業が新しい投資機会に活かすことで株式価値を高めることを期待することになる。

内部留保するにしても配当するにしても、投資家の期待リターンに応えられない企業の株式は売却され株価が下落することになる。

(2)　株式の投資尺度とその意味

株式の投資尺度とその意味に関する次の記述のうち、最も<u>適切でない</u>ものはどれか。

A. 財務諸表上にある項目と株価の比を取ったものが評価倍率（マルチプルズ）で、株価の割高・割安を評価するために使われている。

B. 株価を1株当たりの純利益で割ったものをPERという。この値が高い株式は投資家が利益の増加を予想して高い株価を付けていると考えられる。同一のビジネスモデルの企業間で比較して割高・割安の指標とする場合が多い。

C. 株価を1株当たりの自己資本で割ったものをPBRといい、この値が1を下回ることは株価が企業の解散価値以上になることを意味する。

D. 1株当たりの配当金を株価で割ったものを配当利回りといい、株式の配当利回りが預貯金等の金利に比べて魅力的な水準になったこともあり、重要な投資尺度となっている。

正解　C

解説 ➡ 第3節「株式価格の評価」

　財務諸表上にある項目と株価の比を取ったものが評価倍率（マルチプルズ）で、株価の割高・割安を評価するために使われている。テキストでは代表的なものとして以下を取り上げている。

・株価収益率（PER）＝株価／1株当たり純利益
・株価純資産倍率（PBR）＝株価／1株当たり自己資本
・配当利回り＝1株当たり配当金／株価

　これらは、企業の本質的な価値を直接的に表しているわけではないが、株式（企業）価値評価手法の補助指標としてわかりやすく、現在でも広く活用されている。

　PERは、株価を1株当たりの純利益で割ったものをいい、この値が高ければ、企業の利益に対して株価が割高で、低ければ割安となる。

　PBRは、株価を1株当たりの自己資本で割ったものをいい、この値が「1」を下回ることは株価が企業の解散価値以下になることを意味する。
　PBRが小さければ簿価に対して株価が安く評価（割安）され、大きければ簿価に対して株価が高く評価（割高）されたとみなされる。PBRは投資スタイルの中で、割安株（バリュー株）を定義する基準として使われている。
　2023年、東京証券取引所は、PBRが1倍を下回る上場企業に対し株価水準を引き上げるための具体策の開示を求める方針を打ち出した。

　配当利回りは、1株当たりの配当金を株価で割ったものをいい、株式の配当利回りが魅力的な水準になったこともあり、重要な投資尺度となっている。

105

(3) 定額配当割引モデルの割引率

　配当金が今期末（1年後）から毎年一定の30円支払われる株式がある。この株式の理論価格が750円であるとき、割引率はいくらか。ただし、割引率は一定とする。

A. 3.0%
B. 4.0%
C. 5.0%
D. 6.0%

正解　B

解説　➡　第4節「株式の理論価値」

　定額配当割引モデルは、ゼロ成長モデルとも呼ばれ、毎年一定の配当額が支払われるという仮定をもとにした株価の計算方式である。

　定額配当割引モデルは、株価P、配当金D、割引率rとすると、以下の式で表される（テキスト（9-9）式）。

$$P = \frac{D}{r}$$

　これを、割引率rを求める式に書き換えると以下のようになる。

$$r = \frac{D}{P}$$

　この式に、配当金30円、理論株価750円を当てはめると、割引率を求めることができる。

　　割引率r＝30／750＝0.04（4.0％）

(4)　配当割引モデルによる理論株価

　　以下は、株式の理論価格を配当割引モデルによって計算したときの説明文である。文章中の空欄に入る数字の組合せとして、最も適切なものは次のうちどれか。

　　なお、割引率は3％とする。

　⑴　配当金が今期末（1年後）から毎年50円支払われる株式の理論価格は（　ア　）円となる。

　⑵　配当金が今期末（1年後）には50円支払われ、その後、配当額が毎年2％の割合で成長する株式の理論価格は（　イ　）円となる。

A.　（ア）1,618、（イ）2,000
B.　（ア）1,667、（イ）5,000
C.　（ア）1,618、（イ）5,000
D.　（ア）1,667、（イ）2,000

正解　B

解説　➡　第 4 節「株式の理論価値」、第 5 章第 5 節「割引率と現在価値」

(1)定額配当割引モデルに関する問題である。株価P、配当金D、割引率rとすると、定額配当割引モデルにより理論株価を計算する式は以下のとおりである(テキスト(9 - 9)式)。

$$P = \frac{D}{r}$$

問題文の数値を当てはめると、理論価格は50／0.03＝1,667(円)となる。

(2)定率成長(配当割引)モデルに関する問題である。株価P、配当金D、割引率r、配当金の成長率g(ただしr＞g)とすると、定率成長(配当割引)モデルにより理論株価を計算する式は以下のとおりである(テキスト(9 -11)式)。

$$P = \frac{D}{r - g}$$

問題文の数値を当てはめると、理論価格は50／(0.03-0.02)＝5,000(円)となる。

第10章　債券投資

第1章

第2章

第3章

第4章

第5章

第6章

第7章

第8章

第9章

第10章

第11章

第12章

ケース・スタディ

(1)　債券の価格

債券投資に関する次の記述のうち、最も<u>適切でない</u>ものはどれか。

A. 債券は、利子の支払い方法により割引債と利付債の2種類に分類され、いずれの場合も、毎年クーポンを受け取り、満期時に額面金額を受け取ることができる。

B. 債券の理論価格は、債券投資から発生する将来キャッシュフローを現在価値に割り引いてその合計額を求めることで算出できる。

C. 債券には、利回りが上がると債券価格が下落し、利回りが下がると債券価格は上昇するという負の相関関係が存在する。

D. 金利が変化した場合に債券価格が変化するリスクは、金利リスクといわれる。

正解　A

解説　➡　第1節「債券の価格」、第3節「債券価格に影響を与える要因」

　債券は、利子の支払い方法により割引債と利付債の2種類に分類される。利付債を保有している投資家は、毎年クーポンを受け取り、さらに満期時には額面金額と最後のクーポンを受け取る。一方、割引債を保有している投資家は、クーポンの受け取りはなく、満期時に額面金額のみを受け取る。

　債券投資に伴って将来受け取れるキャッシュフロー（クーポンと額面金額）はあらかじめ決められている。このため、債券の価格は、それらの将来キャッシュフローを現在価値に割り引いてその合計を求めることで算出できる（将来キャッシュフローを現在価値に換算する方法については、テキスト第5章第5節「割引率と現在価値」を参照）。

　利回りと債券の間には、「利回り（割引率）が上がると債券価格が下落し、利回りが下がると債券価格は上昇する」という負の相関関係が存在する。
　ちなみに、割引率をr、満期をT年としたとき、債券の理論価格を求める式は以下のとおりとなる（それぞれ、テキスト（10-1）式、（10-2）式より）。割引率rは分母にあるため、その値が大きくなると（利回り（割引率）が上がると）債券価格は下落し、その値が小さくなると債券価格は上昇する。

$$割引債の理論価格 = \frac{額面}{(1+r)^T}$$

$$利付債の理論価格 = \frac{クーポン}{(1+r)} + \frac{クーポン}{(1+r)^2} + \cdots + \frac{(クーポン+額面)}{(1+r)^T}$$

　金利が変化した場合に債券価格が変化するリスクは、金利リスクといわれる。短期債と長期債を比べると、利回り（割引率）の変化があったときに、長期債の方が短期債に比べて価格の変化幅が大きく、金利リスクが大きい。

(2) 利付債の理論価格

年1回3円のクーポンが支払われ、満期時（3年後）に100円の元本が償還される利付債の現時点（0年目）の理論価格として、最も適当なものは次のうちどれか。ただし、割引率は年4％とする。

A. 96.28円
B. 97.22円
C. 98.00円
D. 98.11円

正解　B

解説　➡　第1節「債券の価格」

　利付債は、決められた一定期間ごとにクーポンを受け取れることに加え、満期には額面金額が受け取れる。したがって、利付債の理論価格は、額面金額及び毎年のクーポンを毎年の利回り（割引率）で割り引き、その値を合計したものとなる。

　利回り（割引率）をr、満期をT（年）とすると、利付債の理論価格は、以下の式で求められる（テキスト（10-2）式より）。

$$\text{理論価格} = \frac{\text{クーポン}}{(1+r)} + \frac{\text{クーポン}}{(1+r)^2} + \cdots + \frac{(\text{クーポン}+\text{額面})}{(1+r)^T}$$

　ここに、割引率（r）4％、クーポン3円を当てはめると答えが得られる。

$$\text{理論価格} = \frac{3}{(1+0.04)} + \frac{3}{(1+0.04)^2} + \frac{103}{(1+0.04)^3}$$

$$= 97.22（円）$$

　なお、「年1回3円のクーポンが支払われ、満期時（3年後）に100円の元本が償還される利付債」という設定は、テキストにおいて利付債の理論価格を解説する際に用いている設例（テキスト第1節「債券の価格」）と同じである。

　ただ、利回り（割引率）rについては、テキストの設例では5％となっているのに対して、ここでは4％となっている。その結果、双方の理論価格を比べてみると、テキストの設例では94.56円であるのに対して、ここではより高い97.22円となっている。これは、「利回り（割引率）が上がると債券価格が下落し、利回りが下がると債券価格が上がる」という関係の一例である。

(3) 所有期間利回り

　年1回3円のクーポンが支払われ、満期時(3年後)に100円の元本が償還される利付債を94.56円で取得し、2年後に売却した。売却時点での価格(売却価格)が96.00円だった場合、所有期間利回りとして最も適切なものは次のうちどれか。

A. 3.37%
B. 3.93%
C. 4.70%
D. 5.67%

正解　B

解説 ➡ 第2節「債券投資のリターン」

　債券は必ずしも償還まで保有されず、償還前に売却されることもある。この場合の所有期間のリターンを測定する方法として所有期間利回りがあり、以下の式で計算する(テキスト(10-4)式)。

$$所有期間利回り = \frac{\left(クーポン + \dfrac{(売却価格 - 買入価格)}{所有期間} \right)}{買入価格}$$

　これに、クーポン3円、売却価格96.00円、買入価格94.56円、所有期間2年を当てはめると、所有期間利回りは以下のとおり計算される。

$$所有期間利回り = \frac{\left(3 + \dfrac{96.00 - 94.56}{2} \right)}{94.56} = 0.0393(3.93\%)$$

(4) イールドカーブ

イールドカーブに関する次の記述のうち、最も<u>適切でない</u>ものはどれか。

A. イールドカーブとは、ある時点での利回りと期間の長さの関係を、横軸に期間、縦軸に利回りをとって描いたものである。
B. イールドカーブが右下がりの形状を「順イールド」、イールドカーブが右上がりの形状を「逆イールド」という。
C. イールドカーブの傾きが小さくなることを「フラット化」、平行に上方あるいは下方にシフトすることを「パラレルシフト」という。
D. イールドカーブの形状や動きを説明する代表的な仮説として、純粋期待仮説、流動性プレミアム仮説、市場分断仮説がある。

正解　B

解説　➡　第4節「イールドカーブ」

　イールドカーブとは、ある時点での利回りと期間の長さの関係を、横軸に期間、縦軸に利回りをとって描いたものである。

　イールドカーブが右上がりの形状を「順イールド」、イールドカーブが右下がりの形状を「逆イールド」といい、イールドカーブの傾きが大きくなることを「スティープ化」、傾きが小さくなることを「フラット化」、平行に上方あるいは下方にシフトすることを「パラレルシフト」という。

　イールドカーブは、金利の期間構造ともいい、その形状や動きを説明する代表的な仮説として、「純粋期待仮説」、「流動性プレミアム仮説」、「市場分断仮説」がある。

　純粋期待仮説によれば、イールドカーブの形状は、投資家の将来の金利予想（フォワードレート）によって変化する。金利の上昇を予測すればイールドカーブは右上がり（順イールド）になり、金利の低下を予測すれば、イールドカーブは右下がり（逆イールド）になる。一般に、将来の経済状態が良くなり、投資家が将来の金利上昇を予測するとき（すなわち、フォワードレートが上昇したとき）には、イールドカーブは順イールドとなり、さらにはスティープ化すると考えられる。

第1章 第2章 第3章 第4章 第5章 第6章 第7章 第8章 第9章 第10章 第11章 第12章 ケース・スタディ

(5) デュレーション

デュレーションに関する次の記述のうち、最も<u>適切でない</u>ものはどれか。

A. デュレーションは、債券投資の平均回収期間を示すとともに、金利リスクを表す指標としても活用できる。
B. 割引債のデュレーションは残存年数に等しい。
C. デュレーションは、満期までの期間が長いほど、またクーポン額が大きいほど長くなる傾向がある。
D. 修正デュレーションは金利リスクを表す指標であって、利回りが1％変化した場合に債券価格が何％変化するかを示している。一般に、長期債は短期債に比べて金利リスクが大きい。

正解　C

解説　➡　第5節「平均回収期間や金利感応度を表す尺度（デュレーション）」

債券投資を行う際に、投資金額の元利金の平均的な回収期間をデュレーションという。デュレーションは債券投資の平均回収期間を示すとともに、金利リスクを示す指標としても活用できる。

　割引債に投資した場合、資金の回収時期は満期時のみであるので、投資の平均回収期間(デュレーション)は残存年数に等しくなる。
　一方、利付債では、満期時点より前にクーポン(利子)を受け取ることができるため、投資の平均回収期間(デュレーション)は残存年数より短くなる。こうしたことから、利付債のデュレーションは、満期までの期間が長いほど長くなり、クーポン額が大きいほど短くなる傾向がある。

　デュレーションは、以下に示すように、将来のキャッシュフローを割り引いた現在価値をウェイトとし、回収するまでの期間を加重平均することで計算できる(テキスト(10－6)式)。

　　　平均回収期間(デュレーション)

$$= \frac{\Sigma(各キャッシュフローの現在価値 \times 回収の期間)}{\Sigma 各キャッシュフローの現在価値}$$

　修正デュレーションとは、以下に示すように、デュレーションを「1＋利回り」で割り、マイナス符号を付けたものである(テキスト(10－7)式)。

$$修正デュレーション = -\frac{デュレーション}{1+利回り}$$

　金利変動による債券価格の変動率を示す尺度として、利回りが1％変化した場合に債券価格が何％変化するかを表しており、金利リスクを表す指標として活用できる。
　満期までの期間が長いほど、デュレーションは長くなり、修正デュレーションは、より大きなマイナスの数字となる。このことは、投資期間が長いほど、利回りが上昇したときの価格下落が大きくなることを意味している。短期債に比べると長期債の方が金利リスクは大きく、長期の債券投資については、金利リスクに対して一段の注意が必要である。

(6) 債券投資のリスク

信用リスクに関する次の記述のうち、最も**適切でない**ものはどれか。

A. 債券投資において、契約どおりに発行体が利子を支払えなくなったり、倒産等により債券の償還が行えなくなるリスクを「信用リスク」という。

B. 信用格付は、債券発行体とは利害関係のない中立かつ公平な立場にある第三者機関として設立された信用格付会社によって行われる。

C. 格付会社は、格付記号や数字を用いて信用力を示している。信用力が高いほど記号が多く付され、BBBとAとではBBBの方が、信用力が高いことを意味する。

D. 仕組債等、仕組みが複雑な債券については、それに伴うリスクの把握が重要である。顧客が理解できる丁寧な説明が求められる。

正解　C

解説 ➡ 第6節「債券投資のリスク」

「信用リスク」とは、契約どおりに発行体が利子を支払えなくなったり、倒産等により債券の償還が行えなくなるリスクであり、債務不履行リスク、デフォルトリスク、クレジットリスクとも呼ばれる。信用リスクを測る方法には、財務データを利用したものや信用格付を利用するもの等がある。

　信用格付は、債券発行体とは利害関係のない中立かつ公平な立場にある第三者機関として設立された信用格付会社によって行われる。格付会社は、格付記号や数字を用いて信用力を示しており、以下は、格付投資情報センターの格付表である（上位格に近いものにプラス、下位格に近いものにマイナスの表示をすることがある）。

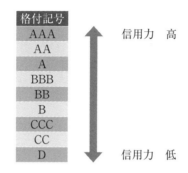

　機関投資家はBBB以上を投資適格債とする慣行がある。これによりBB以下の債券は、投機的等級とされ、債券のクーポンの支払いと元本の返済の確度が比較的低く、ハイ・イールド債あるいはジャンク債と呼ばれることもある。

　債券投資リスクとしては、信用リスクの他に、債券によっては売買量が少ないため、希望する価格で希望する量を取引することが困難で、不利な価格で売買しなければならない「流動性リスク」や、元本の一部又は全部が満期償還前に償還されてしまう「期限前償還リスク」等がある。

　債券の種類は多種多様である。例えば、一般的な債券とデリバティブを組み合わせた仕組債の中には、対象となっている資産があらかじめ決められた価格に達すると、満期や償還価格等の条件が変動し、場合によっては損失を被るようなものもある。債券投資に当たっては、種類や仕組みの複雑さに応じた特徴やそれに伴うリスクの種類・大きさを把握し、適切にリスク管理を行わなくてはならない。「顧客本位の業務運営に関する原則」の原則５にあるように、「顧客が理解できるように」丁寧な説明を行って、十分な理解を得ることが必要である（テキスト第１章第３節「顧客と接する際に重要な行動規範」）。

第11章　外国証券投資

(1)　外国証券投資の意義

外国証券投資の意義に関する次の記述のうち、最も<u>適切でない</u>ものはどれか。

A．外国証券投資を行うことで、ポートフォリオに正の相関が弱い資産を加えることが可能となり、リスク分散の効果を大きくすることができる。

B．外国証券投資によるリスク分散の効果は、国内証券と外国証券のリターンの間で正の相関が強いほど、大きいと考えられる。

C．外国証券投資において、新興国株式のリスクは先進国株式のリスクより大きいと考えられている。

D．外国証券投資の効果は、効率的フロンティア（横軸をリスク、縦軸を期待リターンとした場合）の左上方への拡大として表すことができる。

正解　B

解説　➡　第1節「外国証券投資の意義」、第4節「外国株式投資と外国債券投資」

　外国証券投資により、投資対象は格段に増える。景気が良い国もあれば、景気が悪い国もあるほか、国ごとに中心となる産業(セクター)も異なることから、自国内と異なる収益源泉を持つ企業への投資が可能となる。

　外国証券投資を行うことで、ポートフォリオに負の相関が強い資産を加えることが可能となり、分散効果を大きくすることができる。その場合、国内証券と外国証券のリターンの正の相関が弱い、または負の相関が強いほど、分散によるリスク削減効果は大きくなる(テキスト第7章第4節「ポートフォリオの分散投資」を参照)。

　外国株式投資のリターンの源泉は、為替レート、カントリー・アロケーション、国別の個別銘柄の3つの要因から構成されていると考えることができる。世界の株式市場がグローバルに統合されてきた昨今、国際株式投資の分散効果が弱まることはあるかもしれないが、完全になくなることはないとみられる。このため、カントリー・アロケーションが完全になくなることは考え難く、外国の企業への投資には、引き続きリスク削減効果が期待できる。

　投資する対象によりリスクの大きさは異なるが、一般に、新興国株式への投資は、先進国株式への投資に比べてリスクが大きいと考えられている。

　外国証券投資の効果を、効率的フロンティア(横軸をリスク、縦軸を期待リターンとした場合)の変化として考えた場合、より期待リターンの高い資産が加わることによる、効率的フロンティアの左上方への拡大(リスクが低減し、期待リターンが拡大する)として表すことができる(効率的フロンティアについては、テキスト第7章第6節「効率的フロンティアと最適ポートフォリオの選択」を参照)。

(2) 外国証券投資と為替レート

　外国証券投資と為替レートに関する次の記述のうち、最も適切でないものはどれか。

A. 外国証券投資の損益は、資産価格の変化率と為替レート（通貨の強弱）の変化率の大きさで決まる。

B. 為替レートの変動により円安が進むと、円換算した外貨資産の価値は減少する。

C. 為替予約を使ったヘッジを行っても、円換算した外貨資産の価値が減少するリスクは存在する。

D. 為替レートの変動リスクを除去するために為替ヘッジを行う際、内外金利差に対応したヘッジコストが生じる点に留意する必要がある。

正解　B

解説　➡　第2節「為替レートの影響」、第3節「為替ヘッジとヘッジコスト」

　外国証券投資には多くの利点があるものの、注意を要する点も少なくない。その中でも、為替レートは重要な要因である。外国証券投資をする場合、運用した外国資産の価格の上昇・下落と、円に対する相手国の通貨の上昇・下落(円安・円高)の両方の要因を考慮する必要がある。

　外国証券投資の損益は、資産価格の変化率と為替レート(通貨の強弱)の変化率という2つの要因で決まる。円安になれば、円に換算したときの外貨資産の価値は増加する。もっとも、円安になっても外国資産の価格が下落すれば、円に換算したときの外貨資産の価格は一概には決まらない。このため、ヘッジを行っても円換算した外貨資産の価値が減少するリスクは存在する。

　為替リスクを低減あるいは回避するために、為替ヘッジが使われることも多いが、為替予約を使ったヘッジには内外金利差に対応したヘッジコストを考える必要がある。

　例えば、為替先物予約により為替レートをヘッジする場合、日本の金利が米国の金利よりも低ければ、現状の為替レートよりも円高ドル安の為替レートで為替予約を行うことになる。これは契約時点でコストを支払うことによって為替リスクを回避することであり、このコストをヘッジコストという。

　なお、為替レートの決定理論はいくつかある。購買力平価説によれば、相手国のインフレ率が低くなれば、その国の通貨価値は上がり円安となる。逆に、相手国のインフレ率が高くなれば、その国の通貨価値は下がり、円高となる。

　また、アセット・アプローチによれば、相手国の金利が上昇すれば、その国の通貨価値は上がり、円安となる。逆に相手国の金利が低下すれば、その国の通貨価値は下がり、円高となる。

　外国証券投資に関するアドバイスを行う際には、為替レートがどのような要因で変動しているのか、それはいつまで続くのかといった点を考えることが必要である。

(3) 外国証券投資の運用利回り

　日本の投資家が、利率４％の米ドル建債券を購入し、１年後にクーポンを受け取るとともに売却したときの円ベースの運用利回りとして、最も適当なものは次のうちどれか。

　ただし、債券の購入時および売却時の単価と米ドルの適用為替レートは以下のとおりとし、税金や取引コストについては考えないものとする。

「単価および適用為替レート（円／米ドル）」

	単価	TTS	TTM	TTB
購入時	100米ドル	100.00円	99.00円	98.00円
満期時	101米ドル	92.00円	91.00円	90.00円

TTS：顧客が円を外貨に交換する際の為替レート
TTB：顧客が外貨を円に交換する際の為替レート
TTM：TTS と TTB の仲値の為替レート

A. ▲5.5%
B. ▲2.6%
C. 4.5%
D. 6.7%

正解　A

解説 ➡ 第2節「為替レートの影響」

　外国証券投資の円ベースでの運用利回りの求め方は、為替レートの換算が入るほかは、円ベースの運用利回りの求め方と同様である。

　為替レートについては、顧客が円を外貨に交換する際には、TTSが適用される。逆に外貨を円に交換する際には、TTBが適用される（TTSとTTBの平均値（仲値）のことをTTMという）。テキストでは区別されていないが、この問題では、これらのレートの使い分けが必要となる。以下、順を追って解説する。

(1)　単価100ドルの米ドル建て債券を購入するために、購入時のTTSレートで米ドルを購入するので、円ベースの投資額は、100ドル×100.00円／米ドル＝10,000円となる。

(2)　1年後、4ドルのクーポンを受け取るとともに、この債券を101ドルで売却するため、得られる金額は4ドル＋101ドル＝105ドルとなる。

(3)　この105ドルを円に戻すためにTTBのレート90円／米ドルで売却することになるため、円建てで得られる金額は、105ドル×90.00円／米ドル＝9,450円となる。

(4)　当初10,000円を投資し、1年後に9,450円を得たのであるから、運用利回りは、（9,450円－10,000円）／10,000円＝▲0.055（▲5.5％）となる。

　外国証券投資の損益は、資産価格の変化率と為替レート（通貨の強弱）の変化率という2つの要因で決まる。ここでの設例は、米ドルベースの債券価格は上がったが、為替レートが円高方向に変化したため、運用利回りはマイナスになった（損失が発生した）事例である。

(4)　新興国投資

新興国投資に関する次の記述のうち、最も<u>適切でない</u>ものはどれか。

A．新興国市場は、GDP成長率、人口増加率でみて無視できない存在となっている。一般に、新興国の資産を組み入れることで、期待リターンの向上やリスク削減の効果が期待される。

B．一般に、国内証券よりも外国証券の方がハイリスク・ハイリターンであり、外国証券の中では、新興国証券の方が先進国証券よりもハイリスク・ハイリターンである。

C．新興国は、経済や市場の仕組みが未成熟であるため、突然の政権交代や政策変更、急激なインフレ、通貨価値の暴落等のリスクがある。

D．新興国へ投資する場合、リスクを予測することは難しいため、リターンの高さのみに着目して判断すれば良い。

正解　D

解説　➡　第5節「新興国への投資」

　新興国全体の経済成長率は先進国全体の経済成長率を上回っており、今後も新興国は先進国を大幅に上回る経済成長を遂げると予測されている。新興国は世界経済全体のけん引役となっていくとの見方が多い。一般に、新興国の資産を組み入れることで、高いリターンが期待できるほか、分散投資によりリスクの削減効果も期待できる。

　もっとも、外国証券の中では、新興国証券は先進国証券よりもハイリスク・ハイリターンである。事実、先進国から大量の資本が流入していながら、政治不安や対外債務の拡大が表面化し、大量の資本が急激に流出して、金融危機、通貨危機に至った事例は少なくない。将来、通貨危機、金融危機に直面する可能性を残している国々もある。

　新興国へ投資する場合には、ダウンサイド・リスクの大きさを予測することが難しいという認識のもとで、慎重な判断が求められる。リターンの高さのみに着目して判断することは適当ではない。

第12章　投資信託

第1章

第2章

第3章

第4章

第5章

第6章

第7章

第8章

第9章

第10章

第11章

第12章

ケース・スタディ

（1） 投資信託の仕組み

投資信託に関する次の記述のうち、最も<u>適切でない</u>ものはどれか。

A．投資信託とは一般に不特定多数の投資家から資金を集め、その資金をプールして合同運用を行う金融商品である。

B．投資信託を利用することにより、小口の個人投資家でも分散投資効果のメリットを享受できる。

C．投資信託の運用指図は信託契約の受託者である信託銀行が行っている。

D．投資信託にはさまざまなコストがかかるが、購入時にかかる販売手数料が無料の投資信託をノーロード型ファンドと呼ぶ。

正解　C

解説 ➡ 第1節「投資信託とは」

　投資信託とは一般に不特定多数の投資家から資金を集め、その資金をプールして合同運用を行い、投資額に応じた持ち分を各投資家に受益権として販売するもので、少額の投資資金でも分散投資されたポートフォリオの効果を享受できる金融商品である。

　投資信託の販売は、販売会社である証券会社や銀行で行われる場合が多いが、投資された資産自体は信託契約によって受託者である信託銀行が管理し、また、実際の運用指図は投資信託委託会社（運用会社）が行っている。

　投資信託にはさまざまなコストがかかるが、購入時にかかる販売手数料が無料の投資信託をノーロード型ファンドと呼ぶ。ノーロード型ファンドは、購入時に手数料を節約できるが、保有時の運用管理費（信託報酬）や換金時の換金手数料等のコストはかかる。

(2) 運用商品の選択

運用商品の選択に関する次の記述のうち、最も<u>適切でない</u>ものはどれか。

A. 投資家のリスク許容度が大きいほど、投資家が保有すべき元本確保型
  商品の割合は減少する。

B. パッシブ運用のファンドは、一般に、アクティブ運用のファンドに比
  べて銘柄選定など調査・分析等に費用がかかるため、信託報酬や手
  数料等投資家が負担するコストは高い。

C. 確定拠出年金では、各加入者が自らのリスク許容度に応じて投資する
  商品を選択することが望ましい。

D. 運用報告書を読めば、投資信託の過去の運用成績や基準価額の推移の
  ほか、今後の運用方針についても知ることができる。

正解　B

解説 ➡ 第3節「運用の手法」、コラム12－1「投資信託の情報収集」、第2章第3節「ゴールベース資産管理」、第3章第1節「アセット・アロケーション」

　運用商品の選択においては投資家のリスク許容度が重要なポイントとなる。投資家が保有すべき元本確保型商品の割合は、リスク許容度が大きいほど減少し、小さいほど増加する。

　パッシブ運用のファンドは一般に、アクティブ運用のファンドに比べ、銘柄選択等調査・分析等にかかる運用コストを削減できるため、信託報酬や手数料等投資家が負担するコストは低くなる。

　確定拠出年金では、各加入者が自らのリスク許容度に応じて投資する商品を選択することが望ましい。

　運用報告書を読めば、投資信託の過去の運用成績や基準価額の推移のほか、今後の運用方針についても知ることができる。

(3)　不動産投資信託（J-REIT）と上場投資信託（ETF）

　　不動産投資信託（J-REIT）と上場投資信託（ETF）に関する次の記述のうち、最も<u>適切でない</u>ものはどれか。

A. 不動産投資信託（J-REIT）を利用することにより、資産規模の小さい投資家であっても、さまざまな種類の不動産に分散投資を行うことが可能となる。
B. 不動産投資信託（J-REIT）は、上場株式のように取引所で売買することができるため、流動性を確保することが比較的容易である。
C. 上場投資信託（ETF）には、①商品ラインナップが多様、②少額売買が可能、③空売り、レンディングが可能といった長所がある。
D. 上場投資信託（ETF）は、分配金が自動的に再投資される。

正解　D

解説 ➡ 第2節「様々な投資信託」

　不動産投資信託(REIT(Real Estate Investment Trust))は、わが国では
J-REITとして2001年に導入された。

　J-REITは、個人投資家でも手軽に不動産投資が可能な商品である。J-REIT
を利用することによって、資産規模の小さい投資家であっても、様々な種類の
不動産に分散投資を行うことが可能となる。また、J-REITは上場株式のよう
に取引所で売買することが可能なため、流動性も比較的容易に確保することが
できる。従って、従来のように不動産に直接投資する方法では実現できない柔
軟かつ効率的な運用を可能にする手段ともいえる。

　上場投資信託(ETF(Exchange Traded Funds))とは、投資信託の一種で、
証券取引所に上場されたものを指す。株価指数連動型上場投資信託、コモディ
ティ価格や指数に連動した上場投資信託、ベンチマークを上回る投資成果を目
指すアクティブ運用型上場投資信託等に分けられる。
　上場投資信託(ETF)は、①商品ラインナップが多様(地域、資産クラス、業種、
投資スタイル等)、②流動性を確保する仕組みを備えている(取引所に上場)、
③少額売買が可能(少額での分散投資、ポジション取りが可能)、④空売り、レ
ンディングが可能、といった長所がある。一方、分配金が自動的に再投資され
ないことや、基準価額と市場価格が乖離する可能性があること等が短所である。

(4) インデックス・ファンドとアクティブ・ファンド

インデックス・ファンドとアクティブ・ファンドに関する次の記述のうち、最も適切でないものはどれか。

A. インデックス・ファンドは、代表的な指数(インデックス)を上回るリターンを目指すアクティブ運用のファンドである。

B. 市場アノマリーの存在によって市場の効率性が否定されるならば、アクティブ運用の有効性が高まる可能性がある。

C. 一般に、アクティブ運用の方がパッシブ運用よりも運用管理費(信託報酬)の水準は高くなる。

D. 株式アナリストによる企業のファンダメンタル分析に基づいて投資対象となる株式を評価・選別する手法は、アクティブ運用の伝統的な手法である。

正解　A

解説　➡　第3節「運用の手法」

　投資信託の運用手法には様々な形態があるが、基本的な運用手法としてパッシブ運用とアクティブ運用に大別することができる。パッシブ運用が市場ベンチマークに連動したリターンを目指すのに対し、アクティブ運用は市場ベンチマークを上回る超過リターンの獲得を目指す。

　パッシブ運用に対するニーズを満たすものとして、インデックス・ファンドがある。インデックス・ファンドは、あらかじめ決められた特定の指標（例えば、TOPIXや業種指数等のインデックス）に連動して動くファンドのことである。管理が容易であり、運用コストが低い等のメリットがある。

　アクティブ・ファンドは、ベンチマーク（例えば、TOPIX）を設定し、これを上回ることを目的とするファンドである。株式アナリストによる企業のファンダメンタル分析に基づいて投資対象となる株式を評価・選別するといった手法を用いることもあり、スタイルという基準で特徴付けられることが多い。一般に、アクティブ運用の方がパッシブ運用よりも運用管理費（信託報酬）の水準は高くなる。

　市場アノマリーの存在によって市場の効率性が否定されるならば、アクティブ運用の有効性が高まる可能性がある。

(5) 投資信託の収益率評価

　下表は、投資信託X、投資信託Y、投資信託Zの過去5年間の収益率の平均値とリスク(標準偏差)である。無リスク金利を1.0%とした場合、それぞれの投資信託のシャープ・レシオに該当する最も適切な数値の組合せは次のうちどれか。

　(ア)投資信託X、(イ)投資信託Y、(ウ)投資信託Z

A.　(ア)2.0、(イ)1.7、(ウ)2.8
B.　(ア)3.0、(イ)2.0、(ウ)2.8
C.　(ア)2.0、(イ)1.7、(ウ)3.0
D.　(ア)3.0、(イ)2.0、(ウ)3.0

「投資信託X、Y、Zの過去5年間の収益率の平均値と標準偏差」

	収益率の平均値	収益率の標準偏差
投資信託X	3.0%	1.0%
投資信託Y	6.1%	3.0%
投資信託Z	15.0%	5.0%

正解　A

解説 ➡ 第4節「投資信託のパフォーマンス評価」、第8章第6節「運用のパフォーマンス評価」

　投資信託の運用評価プロセスは、定量的評価と定性的評価の双方の側面から行われるのが一般的であるが、定量的評価では、収益率によるリターンの測定やシャープ・レシオによる効率性の比較等が中心となる。

　シャープ・レシオは、収益率の平均値から無リスク金利を引いた数値を、その期間の収益率のリスク（標準偏差）で割って求める。数値が大きいほど1リスク当たりのリターンが大きいことを意味し、運用の効率性が高いと考えられる。

　　投資信託Xのシャープ・レシオ：$(3.0\% - 1.0\%) / 1.0\% = 2.0$
　　投資信託Yのシャープ・レシオ：$(6.1\% - 1.0\%) / 3.0\% = 1.7$
　　投資信託Zのシャープ・レシオ：$(15.0\% - 1.0\%) / 5.0\% = 2.8$

上記の結果から、運用の効率性は、Y＜X＜Zとなる。

　これらから、収益は投資信託Yの方が投資信託Xより高かったが、効率性は逆に投資信託Xの方が投資信託Yよりも高かったと評価できる。また、投資信託Zは、収益率と効率性の双方において投資信託X、Yよりも高かったと評価できる。

(6) ESG投資

ESG投資に関する次の記述のうち、最も<u>適切でない</u>ものはどれか。

A. ESGとは「環境」「社会」「企業統治」の英語の頭文字を取った言葉で、企業が取り組むべき課題のことをいう。

B. ESG投資とは、営業利益やキャッシュフローといった財務情報に加えて、企業のESG活動への評価・分析といった非財務情報をもとに投資することをいう。

C. 企業がESGに取り組むメリットは、ESGへの取り組みを課題として掲げ、積極的に対応・開示することで、投資家の短期的な評価を上げることにある。

D. ESGとSDGsは意味や対象が異なるが、両者は全く別物というわけではなく、「SDGsの達成にはESGへの取り組みが必要不可欠」であるともいえる。

正解　C

解説 ➡ コラム12-2「ESGについて」

ESGとは「Environment（環境）」「Social（社会）」「Governance（企業統治）」の頭文字を取った言葉で、企業が取り組むべき課題のことをいう。

ESGと関連した言葉にSDGs（Sustainable Development Goals）があるが、両者を比較すると以下のような違いがある。

名称	意味	主な対象
ESG	企業が取り組むべき課題	企業や投資家
SDGs	国連の持続的な開発目標	各国政府、企業、個人

両者は意味や対象が異なるが、全く別物というわけではなく、「SDGsの達成にはESGへの取り組みが必要不可欠」なのであり、SDGsという世界的な目標を達成する手段がESGであるともいえる。

ESG投資とは、ESGの3つの観点から企業を分析して投資しようとするもので、営業利益やキャッシュフローといった財務情報に加えて、企業のESG活動への評価・分析といった非財務情報をもとに投資することをいう。

企業自身がESGに取り組むメリットは、投資家の評価が上がるだけでなく、ESGへの取り組みを課題として掲げ、積極的に対応・開示することで、長期的な企業価値が向上することにあるといわれている。

ただし、企業がESGに取り組んでいないのに、あたかもESGに取り組んでいるようにみせること（グリーン・ウォッシュ）があるので注意を要する。

ESG投資の拡大は、2006年に国連責任投資原則（PRI）が「投資にESGの視点を組み入れる」という考え方を機関投資家の投資原則として掲げたことから始まった。日本では、2015年に年金積立金管理運用独立行政法人（GPIF）がPRIに署名してから、署名する機関が急速に増加した。

147

(7) デリバティブ

　以下は、デリバティブに関する説明文である。文中の空欄に入る語句の組合せとして、最も適切なものは次のうちどれか。

「デリバティブとは、金利、株式、債券、通貨、商品（コモディティ）、各種指標（株価指数等）等の原資産から派生した取引で、先渡取引、先物取引、（　ア　）、スワップ取引等の種類がある。

　デリバティブは、原資産の将来の価格変動リスクを（　イ　）ヘッジの手段だけでなく、リスクをとるための手段としても使われる。

　例えば、先物を大量に購入すれば、原資産価格が上がったときに大きな収益が得られる一方、原資産価格が下がったときの損失も大きくなる。

　下図はヨーロピアン・オプションの損益曲線である。例えば、プット・オプションを売却すると、対価（プレミアム）を受取ることで当初は収益を得られるが、株価が一定水準を超えて（　ウ　）と損失が発生する。

　このため、例えば債券に株式プット・オプションの売却を組み合わせた仕組債の場合、プレミアムを受取ることで通常の債券より高いクーポンが設定できるが、株価が下がったときには大きな損失が発生する可能性がある。」

A．（ア）店頭取引、（イ）増大する、（ウ）変動しない
B．（ア）オプション取引、（イ）増大する、（ウ）変動しない
C．（ア）店頭取引、（イ）回避する、（ウ）上がる
D．（ア）オプション取引、（イ）回避する、（ウ）下がる

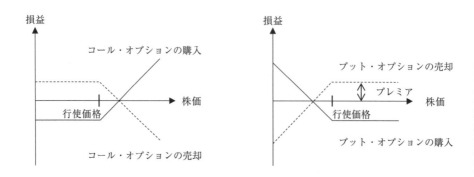

正解　D

解説　➡　補論2「デリバティブ取引」、第10章第6節「債券投資のリスク」

　デリバティブとは、金利、株式、債券、通貨、商品(コモディティ)、各種指標(株価指数等)等の原資産から派生した取引をいう。デリバティブ取引には、先渡取引、先物取引、オプション取引、スワップ取引等の種類がある。

　デリバティブは、原資産の将来の価格変動リスクを回避するヘッジの手段だけでなく、リスクをとるための手段としても使われる。デリバティブは、適切な使い方をするとより便利なツールとなり得るが、その反面、使い方を誤ると大きな問題を引き起こす可能性がある。
　例えば、先物を大量に購入すれば、原資産価格が上がったときに大きな収益が得られる一方、原資産価格が下がったときには損失も大きくなる(レバレッジ効果という)。

　図は、ヨーロピアン・コールオプションとヨーロピアン・プットオプションの損益曲線(ペイオフ図)である。いずれの場合も、オプションの買い手は当初プレミアムを支払ってオプションを購入すれば、その後は、株価が有利な方向に動けば利益を得、不利な方向に動いても損失はプレミアムに限定される(この点、不利な方向に動くと損失が大きくなる可能性がある先物取引と異なる)。一方、オプションの売り手は、当初プレミアムを受け取ることができるが、その後は、株価が有利な方向に動いても利益はプレミアムに限定され、不利な方向に動くと損失が大きくなる可能性がある。

　金融商品の中には、デリバティブを内包したものがある。他社株転換可能債(EB債)は、通常の債券にプット・オプションを組み合わせた商品である。投資家の側からみた場合、プット・オプションを売却している立場になり、プレミアムが上乗せされるため、通常の債券より高いクーポンを享受することができる。一方、参照する株式の価格が下落した場合、大きな損失を被る可能性がある。

(8)　オルタナティブ投資

オルタナティブ投資に関する次の記述のうち、最も<u>適切でない</u>ものはどれか。

A．オルタナティブ投資とは、株式や債券といった伝統的な資産の範疇に属さない新たな投資対象に投資するもので、投資信託としても取り扱われている。

B．オルタナティブ投資には、不動産投資やREITをはじめ、プライベート・エクイティ、コモディティ（エネルギー、農産物、非鉄金属等の商品）、ヘッジファンドといったものが含まれる。

C．オルタナティブ投資の目的は、新たな投資特性を持った資産クラスをアセット・ミックスに追加することによって運用効率の向上を実現することにある。

D．オルタナティブ投資は、商品スキームが単純でリスク特性が比較的分かりやすいことが、投資におけるメリットである。

正解　D

解説　➡　補論3「オルタナティブ投資」

オルタナティブ（代替）投資とは、株式や債券といった伝統的な資産の範疇に属さない新たな投資対象に投資するもので、不動産投資やREITをはじめ、プライベート・エクイティ（非上場株式）、コモディティ（エネルギー、農産物、非鉄金属等の商品）、ヘッジファンド等、かなり広範囲のものが含まれる。

オルタナティブ投資の目的は、新たな投資特性を持った資産クラスをアセット・ミックスに追加することによって効率的フロンティアの拡大を図り、運用効率の向上を実現することにある。

なお、オルタナティブ投資は、商品スキームが複雑でディスクロージャー（情報開示）が不十分な場合にリスク特性が分かりにくくなることがあるので、投資に際しては注意が必要である。

ケース・スタディ

第1章

第2章

第3章

第4章

第5章

第6章

第7章

第8章

第9章

第10章

第11章

第12章

ケース・スタディ

（1）　ポートフォリオのリバランス提案

　資産形成コンサルタントの貴方は、個人顧客Aさんから、ポートフォリオのリバランスについて相談を受けた。Aさんは50歳で、現在、国内株式や外国株式を含め約5千万円の金融資産を保有している。ところが、株価の世界的急落により、株式で大きな含み損を抱えてしまった。Aさんとしては、リスクを抑えつつ期待リターンを改善させることで、なるべく早く含み損を埋め合わせられないかと考えている。

「現状のポートフォリオとリバランス案」

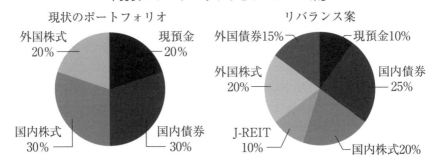

現状のポートフォリオ

外国株式 20%　現預金 20%　国内株式 30%　国内債券 30%

リバランス案

外国債券15%　現預金10%　外国株式20%　国内債券25%　J-REIT 10%　国内株式20%

「モデルポートフォリオ（%）」

	保守型	標準型	積極型
現預金	60	5	0
国内債券	25	25	5
国内株式	5	20	40
外貨預金	5	5	5
外国債券	5	30	10
外国株式	0	15	40

（注）J-REITは国内株式に含めている。

1－1

　現状のポートフォリオとその見直しについての説明として、最も適切なものは次のうちどれか。

A．現状は、標準に比べるとやや偏りのあるポートフォリオである。した

がって、J-REITや外国債券といった保有している金融資産と相関関係の弱い資産を組入れてリスクを抑えつつ期待リターンの引き上げを図ることが適当である。ただし、株価の世界的急落といった非常時に慌ててリバランスすべきでなく、状況を見ながら徐々にシフトした方が良い。

B. 現状は、標準に比べるとやや保守的なポートフォリオである。Aさんの年齢を考えると過度なリスクを取るべきではなく、現状のポートフォリオを維持すべきである。ただし、株価の世界的急落といった非常時であるため、国内外の株式といったリスク資産を一旦売却することも考えた方が良い。

C. 現状は、標準に比べるとやや偏りのあるポートフォリオである。したがって、保有している金融資産と相関関係の弱い資産の組入れ比率を高めてリスク分散を図った方が良い。ただし、株価の下落が長引く可能性もあることから、分散化はできるだけ早く着手した方が良い。

D. 現状は、標準に比べるとやや保守的なポートフォリオである。したがって、外貨資産等のリスク資産の組入れ比率を引き上げて分散を図った方が良い。株価の世界的急落はある意味でバーゲン・ハンティングが可能であることから、できるだけ速やかにリバランスを行うべきである。

正解　A

解説　➡　第3章　第1節「アセット・アロケーション」

ポートフォリオのリバランス提案である。顧客のライフステージとリスク許容度を勘案し、最適なリスク・リターンのポートフォリオを提案する。

Aさんは現預金、国内債券、国内株式、外国株式の4資産に分散したポートフォリオを保有しているが、標準型のモデルポートフォリオに比べるとやや分散投資が不十分と思われる。従って、J-REITやオルタナティブといった相関の低い資産を組入れることで、より分散投資を進め、リスクを抑えることが望ましい。

ただし、株価の世界的急落という非常時においては、慌ててポートフォリオをリバランスするべきではなく、徐々にシフトしていくことが重要である。

1 − 2

以下のリバランス案の説明文の空欄に入る語句の組合せとして、最も適切なものは次のうちどれか。

「リバランス案は、（　ア　）のポートフォリオを基本としつつ、J-REIT や（　イ　）への分散投資を徐々に増やし、リスクを抑えつつ、リターンの引き上げを狙ったポートフォリオとすることで、（　ウ　）特性の最適化を図ることを提案している。」

A.（ア）保守型、（イ）外国株式、（ウ）ポートフォリオ
B.（ア）標準型、（イ）外国株式、（ウ）リスク・リターン
C.（ア）保守型、（イ）外国債券、（ウ）ポートフォリオ
D.（ア）標準型、（イ）外国債券、（ウ）リスク・リターン

正解　D

解説 ➡ 第3章 第1節「アセット・アロケーション」

　リバランス案では、標準型のポートフォリオを基本としつつ、保有する金融資産と相関関係の弱いJ-REITや外国債券への分散投資を徐々に行い、リスクを抑えつつリターンの引上げを狙うことで長い目でみてリスク・リターン特性の最適化を図ることを提案している。

　特に、株価の世界的急落という非常時においては、慌ててポートフォリオをリバランスすべきではないことは前述のとおりである。中長期的な視点から、あるべきポートフォリオを徐々に構築するように働きかけることが肝要である。

第1章
第2章
第3章
第4章
第5章
第6章
第7章
第8章
第9章
第10章
第11章
第12章
ケース・スタディ

(2)　投資信託とドルコスト平均法

　　資産形成コンサルタントの貴方は、個人顧客Aさんから、退職金による
投資信託の購入について相談を受けた。Aさんは今年定年を迎える予定で
あり、退職金として3,000万円（税引後手取り額）を受け取る予定である。
なお、Aさんは今まで投資経験が全くなく、はじめて投資を行う。

2－1

　　Aさんに対して行う投資信託に関する一般的な説明として、最も適切で
ないものは次のうちどれか。

A．投資信託は、小口のお金を集めてひとつの大きな資金として運用する
　　ので、さまざまな資産に分散投資し、リスクを軽減することが可能で
　　ある。

B．投資信託は、原則として毎月末、取引価格である基準価額が公表され
　　ており、資産価値や値動きが分かりやすい金融商品である。

C．投資信託は、運用のプロであるファンドマネージャーが各ファンドの
　　運用方針に従って投資判断から取引までを投資家に代わって行ってく
　　れるので、株式や債券の専門的な知識がなくても投資することができ
　　る。

D．投資信託の購入に際しては、「ドルコスト平均法」を採用することで、
　　平均購入価格を平準化する効果が期待できる。

正解　B

解説 ➡ 第12章 第1節「投資信託とは」

　投資信託は、小口のお金を集めてひとつの大きな資金として運用するので、分散投資によるリスク軽減効果が期待できるうえ、原則として毎日、取引価格である基準価額が公表されており、資産価値や値動きが分かりやすい金融商品である。また、投資信託は、運用のプロが投資判断から取引までを投資家に代わって行ってくれるので、株式や債券の専門的な知識がなくても投資することができる。

　なお、投資信託の購入に際しては、「ドルコスト平均法」を採用することで、平均購入価格を平準化する効果が期待できる。

2 - 2

「ドルコスト平均法」に関する以下の記述および図表の空欄にあてはまる語句と数値の組合せとして、最も適切なものはどれか。

A. （ア）最小化、（イ）10、（ウ）52.8
B. （ア）平準化、（イ）9.1、（ウ）54.8
C. （ア）最小化、（イ）9.1、（ウ）54.8
D. （ア）平準化、（イ）10、（ウ）52.8

ドルコスト平均法は、価格水準によらず一定額を自動的に購入する仕組みのため、価格が低い時は買付数量が多く、価格が高い時は買付数量が少なくなり、購入コストを（　ア　）させる効果がある。

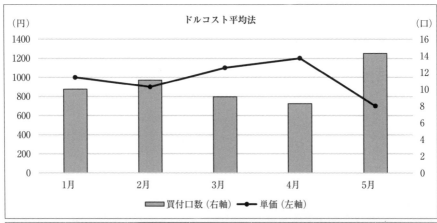

購入月	1月	2月	3月	4月	5月	合計
買付口数	（イ）口	11.1口	9.1口	8.3口	14.3口	（ウ）口
購入金額	10,000円	10,000円	10,000円	10,000円	10,000円	50,000円

正解　D

解説 ➡ 第12章 第1節「投資信託とは」

「ドルコスト平均法」は、株式や投資信託等の金融商品を購入する場合に、一度に購入せず、資金を分割して均等額ずつ定期的に継続して積立投資をする方法である。毎月の投資額を均等にし、その時々の基準価額で割って買付口数を算出すれば良い。

(ア) 「ドルコスト平均法」は、価格水準によらず一定額を購入するため、購入コストを平準化させる効果がある。必ずしも最小になるわけではない。

(イ) 10,000円／1,000円＝10口
     図表より、買付単価1,000円で計10,000円購入していることがわかる。

(ウ) 10＋11.1＋9.1＋8.3＋14.3＝52.8口
     各月の購入口数を合計すると52.8口となる。

（3） 投資信託の基準価額の推移

　　資産形成コンサルタントの貴方は、個人顧客Bさんから、余裕資金を利用した資産運用の相談を受けた。Bさんは今年定年を迎える予定であり、退職金として3,000万円（税引後手取り額）を受け取る予定である。Bさんはx投信の購入を検討しており、下表はその基準価額の月次推移である。

「投資信託の基準価額とリスク・リターン」

	基準価額（円）	変化額（円）	騰落率	平均リターン（月）	偏差（平均からの乖離）	偏差の二乗	リスク（標準偏差）
1 月	32,006						
2 月	32,826	820	2.6%		●%	1.00	
3 月	33,332	506	1.5%		●%	0.01	
4 月	31,313	▲2,019	▲6.1%	（ア）	●%	59.29	（ウ）
5 月	29,310	▲2,003	▲6.4%		●%	64.00	
6 月	32,304	2,994	10.2%		●%	（イ）	
7 月	34,858	2,554	7.9%		●%	39.69	

3－1

　　X投信の基準価額の月次推移表の空欄のリターンとリスクの組合せとして最も適切なものは次のうちどれか。

A．（ア）1.6%、（イ）73.96、（ウ）6.30%
B．（ア）2.0%、（イ）70.56、（ウ）6.30%
C．（ア）2.0%、（イ）70.56、（ウ）39.66%
D．（ア）1.6%、（イ）73.96、（ウ）39.66%

正解　A

解説 ➡ 第12章 第 1 節「投資信託とは」、補論 1 （ 1 ）「中心傾向を示す統計量」、（ 2 ）「バラツキを示す統計量」

　投資信託の購入に際して、基準価額の変化率からリスク（標準偏差）を計算する。ここにはないが、複数の投資信託のリスク・リターンを比較することができれば、その投資信託の値動きの特徴を把握することができる。

（ア）　平均リターン ＝（2.6 ＋ 1.5 － 6.1 － 6.4 ＋ 10.2 ＋ 7.9）÷ 6 ＝ 1.61（1.6％）

　　　各月の騰落率の単純平均が平均リターンとなる。

（イ）　6 月のリターンの偏差の二乗 ＝（騰落率 － 平均リターン）^{2} ＝（10.2 － 1.6）^{2} ＝ 73.96

　　　偏差は各月の騰落率と平均リターンの差として求められる。

（ウ）　リスク（標準偏差）＝ $\sqrt{分散}$ ＝ $\sqrt{39.66}$ ＝ 6.30（％）

　　　リスク（標準偏差）は分散の平方根として求められるので、まず分散を求める必要がある。分散は、偏差を二乗したものに騰落率が発生する確率を掛けて合計して求められる。

　　　分散 ＝ $\frac{1}{6}$（1.00 ＋ 0.01 ＋ 59.29 ＋ 64.00 ＋ 73.96 ＋ 39.69）＝ 39.66

---

3 - 2

　Bさんに対して行うX投信の購入に関するアドバイスとして、最も適切なものは次のうちどれか。

A．X投信は、騰落率がマイナスの月もあるものの、押しなべて良好なリターンを獲得しており、時機を逸することなく投資すべきである。

B．X投信は、リスク1単位当たりのリターンで評価した場合、決して良好なパフォーマンスとは言えないことから、投資については慎重に考えるべきである。

C．X投信は、基準価額が30,000円台であることから、すでに高値圏にあると考えられ、押し目（下落）を待ってから投資すべきである。

D．X投信は、月次の騰落率のアップダウンが激しく、ボラティリティの高い商品であることから、時間分散して投資すべきである。

正解　D

解説 ➡ 第12章 第１節「投資信託とは」

　X投信は、月次の騰落率が▲6.4％～10.2％とアップダウンが激しく、かなりボラティリティの高い商品である。そのため、一度に多額の投資は避け、時間分散して購入するべきである。

　与えられたデータから、リスク１単位当たりのリターンが良好でないとまでは言えない。また、基準価額が30,000円台であることは、必ずしも高値圏であることにはならない。

第1章
第2章
第3章
第4章
第5章
第6章
第7章
第8章
第9章
第10章
第11章
第12章
ケース・スタディ

（4） 理論株価の計算

　資産形成コンサルタントの貴方は、個人顧客Bさんから、余裕資金を利用した株式投資について相談を受けた。BさんはX社株式への投資に興味があり、財務データからX社の理論株価を知りたいと考えている。以下はX社の財務データである。

「X社の財務データ」

期首株主資本	1,200億円
株主資本コスト	5％
ROE	8％
配当性向	60%
発行済株式数	1億株

4－1

　Bさんに対して行うX社の理論株価の評価に関する一般的な説明として、最も適切でないものは次のうちどれか。

A．理論株価は、企業の資産、収益、配当などの基礎的な要因によって決定される。ただし、評価した理論株価と時価を比較しても株価の割安・割高を判断することはできない。

B．理論株価を評価する方法に、定率成長配当割引モデルがある。このモデルは、株式の理論価格を、予想される1株あたり配当の現在価値の総和として表わすものである。

C．配当割引モデルは、投資家が株式から得られるキャッシュフローが配当だけであるとの前提に立っているため、無配企業や利益を配当に回さない企業の株価を評価することができない。

D．フリー・キャッシュフロー・バリュエーション法は、配当に限らず、株主に帰属するフリー・キャッシュフローを使うため、株式価値評価の主流になっている。

正解　A

解説 ➡ 第9章 第3節「株式価格の評価」

　理論株価は、企業の資産、収益、配当などの基礎的な要因によって決定される。理論株価と時価の比較により、株価の割安・割高を判断することができる。

　定率成長配当割引モデルは、株式の理論株価を、予想される1株当たり配当の現在価値の総和として表わすものである。このモデルは、無配企業や利益を配当に回さない企業の株価を評価することができない。これに対し、株主に帰属するフリー・キャッシュフローを使って理論株価を計算するモデルがフリー・キャッシュフロー・バリュエーション法である。

4－2

X社の財務データに基づいて計算したX社の（1株当たりの）理論株価はいくらか。

なお、理論株価の計算には、定率成長を考慮した配当割引モデルを用いることとする。

A．1,920円

B．2,400円

C．2,920円

D．3,200円

正解　D

解説 ➡ 第9章 第4節「株式の理論価値」

定率成長配当割引モデルは、株価P、配当金D、配当金成長率g、割引率rとすると、以下の式で表される。

$$P = \frac{D}{r-g}$$

ここで、割引率rは株主が投下資本に要求するリターンである株主資本コストであり、定率成長配当割引モデルにおいては、CAPMによって計算される個別株式の期待リターンが使用される。

また、増資がない場合には、サステイナブル成長率は、一株当たり当期純利益の成長率、および一株当たり配当の成長率に等しくなる。（テキスト第6章第4節「財務諸表分析」）

なお、サステイナブル成長率（持続可能成長率）＝ROE×（1－配当性向）である。

これらにより、理論株価は以下の通り計算される。

理論株価＝今期予想配当／（株主資本コスト－サステイナブル成長率）

＝1,200×0.08×0.6／{0.05－0.08×（1－0.6）}＝3,200億円

3,200億円÷1億株＝3,200円（1株当たり株価）

（5） 社債投資と発行条件

資産形成コンサルタントの貴方は、個人顧客Cさんから、余裕資金を利用した社債の購入について相談を受けた。Cさんは、債券は株式に比べてリスクが低いが、国債は利回りが低すぎるので、投資対象としては社債が良いと考えている。

5－1

下表はX社社債とY社社債の発行条件である。表の空欄にあてはまる数値として、最も適切なものは次のうちどれか。

A．100.98
B．101.32
C．101.97
D．102.00

「社債の発行条件」

	X社社債	Y社社債
償還期限	2年	4年
発行総額	200億円	100億円
発行価格	（　　　）円	109.64円
額面	100円	100円
表面利率（クーポン）	年2.0％	年4.0％
応募者利回り（複利）	年1.0％	年1.5％
格付（S&P）	AA	A
償還期限	20xx年	20xx年

正解　C

解説 ➡ 第10章 第1節「債券の価格」

　応募者利回り（複利）を r、満期を T（年）とすると、利付債の理論価格は、以下の式で求められる（テキスト（10−2）式より）。

$$発行価格 = \frac{クーポン}{(1+r)} + \frac{クーポン}{(1+r)^2} + \cdots + \frac{(クーポン+額面)}{(1+r)^T}$$

　ここに、応募者利回り（r）1％、クーポン2円を当てはめると答えが得られる。

$$発行価格 = \frac{2}{(1+0.01)} + \frac{102}{(1+0.01)^2}$$

$$= 101.97円$$

┌─ **5 − 2** ─────────────────────────────────────┐

　Cさんに対して行う社債投資に関するアドバイスとして、最も<u>適切でないもの</u>は次のうちどれか。

A. 債券は株式よりも安全なイメージがあるが、株式と同様のリスクと株式とは異なるリスクがあることから、債券独自の評価方法でリスクを評価する必要がある。

B. 社債には信用格付があり、これが投資対象として重要な意味を持つ。なお、この信用格付は、発行時に付与され、原則として償還時まで変更されることはない。

C. 社債の信用格付を行う機関は複数あるが、格付機関が独自の基準に基づき信用格付を行っているため、同じ社債に対して異なる格付が付与されることがある。

D. 社債の価格は長期国債の利回りが変動するとその影響を受けて変動するが、前問のX社社債とY社社債を比べると、Y社社債の方が価格変動リスク(金利変動リスク)が大きい。

└───┘

正解　B

解説　➡　第10章　第6節「債券投資のリスク」

　債券投資には、金利リスクの他に信用リスクがある。信用リスクとは、契約どおりに発行体が利子を支払えなくなったり、倒産等により債券の償還が行えなくなったりするリスクである。

　信用リスクは、債務不履行リスク、デフォルトリスク、あるいはクレジットリスクとも呼ばれ、一般に投資家は格付会社による債券の信用格付でリスクの大きさを判断することが多い。

　日本国内の格付会社は複数あり、格付会社は独自の基準で信用格付を行っている。このため、同じ社債に対して異なる格付が付与されることがある。

　格付に際しては、信用力が高い方からAAAからAといった格付記号が付される。BBBからBは元利金支払いの格付が劣り、CCC以下は債務不履行のリスクが高いとされる。こうした格付は、社債発行後も発行会社の財務状況等の変化により随時見直される。

　なお、X社社債とY社社債を比べると、Y社社債の方が償還までの期間が長いので、価格変動リスク（金利変動リスク）が大きい。

(6) ポートフォリオ効果

　資産形成コンサルタントの貴方は、個人顧客Cさんから、余裕資金を利用した証券投資について相談を受けた。Cさんは複数の証券に分散投資した場合のリスク削減効果（いわゆるポートフォリオ効果）について知りたいと考えている。以下は証券X、証券YおよびXとYを7：3で組み合わせたポートフォリオの予想リターンの表である。

「X証券とY証券および両証券を組み合わせたポートフォリオの予想リターン」

生起確率	証券Xの予想リターン	証券Yの予想リターン	7：3のポートフォリオの予想リターン
0.6（好況時）	20%	▲5％	12.5%
0.4（不況時）	▲10%	10%	▲4％
合成した期待リターン	8.0%	1.0%	5.9%

6−1

　Cさんに対して行う分散投資の効果（ポートフォリオ効果）に関する一般的な説明として、最も適切でないものは次のうちどれか。

A．値動きの異なるものを組合わせることで、ポートフォリオ全体としてのブレが相殺されてリスクが軽減することを、ポートフォリオ効果という。

B．ポートフォリオの期待収益率は組入れ資産の期待収益率を加重平均して求めることができるが、標準偏差は組入れ資産の標準偏差を加重平均しても求めることはできない。

C．2つの証券の間に正の相関関係がある場合には逆方向への関連性が強く、負の相関関係がある場合には同じ方向への関連性が強いことから、正の相関関係がある場合の方がポートフォリオ効果は大きくなる。

D．2つの証券が全く同じ方向の値動きを示す場合には、ポートフォリオ効果はゼロとなる。

解説　➡　第7章　第5節「ポートフォリオの期待リターンとリスク」

　値動きの異なるものを組合わせることで、ポートフォリオ全体としてのブレが相殺されてリスクが削減されることを、ポートフォリオ効果という。

　ポートフォリオの標準偏差はポートフォリオの分散の平方根として求める。組入れ資産の標準偏差を加重平均しても求めることはできない。また、2つの証券の間に正の相関関係がある場合には同じ方向への関連性が強く、負の相関関係がある場合には逆方向への関連性が強いことから、負の相関関係がある場合にポートフォリオ効果は大きくなる。なお、2つの証券が全く同じ方向の値動きとなる場合は、ポートフォリオ効果はゼロである。

　以下は証券Xと証券Yの予想リターンとそれに基づくポートフォリオ効果の説明文である。空欄にあてはまる数値の組合せとして、最も適切なものは次のうちどれか。

「証券Xと証券Yを7：3の比率で組入れると、ポートフォリオの期待リターンは5.9％、リスク（標準偏差）は（　ア　）％となる。一方、証券Xと証券Yのリスク（標準偏差）の加重平均は（　イ　）％であり、（ア）＜（イ）となる。これがポートフォリオ効果である。」

A．（ア）8.08、（イ）12.50
B．（ア）8.73、（イ）9.65
C．（ア）8.73、（イ）12.50
D．（ア）8.08、（イ）9.65

正解　A

解説 ➡ 第7章 第5節「ポートフォリオの期待リターンとリスク」

　2つの資産の組合せによるポートフォリオ効果は、リスク（標準偏差）を加重平均した場合に比べて、どの程度低下するかで測ることができる。

証券Xの標準偏差 $= \sqrt{\{(20-8.0)^2 \times 0.6 + (-10-8.0)^2 \times 0.4\}} = 14.70\%$

証券Yの標準偏差 $= \sqrt{\{(-5-1.0)^2 \times 0.6 + (10-1.0)^2 \times 0.4\}} = 7.35\%$

7：3のポートフォリオの標準偏差 $= \sqrt{\{(12.5-5.9)^2 \times 0.6 + (-4-5.9)^2 \times 0.4\}}$
$= 8.08\%$

証券Xの標準偏差と証券Yの標準偏差の加重平均 $= 14.70 \times 0.7 + 7.35 \times 0.3 = 12.50\%$

8.08％＜12.50％となることがわかる。

(7)　投資信託の収益率評価方法

　資産形成コンサルタントの貴方は、個人顧客Dさんから、余裕資金を利用した投資信託の購入に関して相談を受けた。Dさんは複数の投資信託の中で過去の収益率が最も良いものを購入したいと考えており、複数の方法で投資信託の収益率を評価したいと考えている。以下は投資信託Xの収益率とリスク指標である。

「投資信託の収益率とリスク指標」

投資信託Xの収益率	投資信託Xの収益率の標準偏差	投資信託Xのベータ（β）値	無リスク資産の利子率	ベンチマークの収益率
8.0%	5.0%	1.1	1.0%	5.0%

7－1

　Dさんに対して行う投資信託の収益率の評価方法および投資信託の運用者の運用能力の評価方法に関する一般的な説明として、最も<u>適切でない</u>ものは次のうちどれか。

A. 投資信託の収益率評価の方法としてのシャープ・レシオは、リスク（標準偏差）1単位当たりの投資信託のリターンの無リスク資産のリターンに対する超過収益率で評価する。

B. 投資信託の収益率評価の方法としてのトレイナー・レシオは、リスク（ベータ）1単位当たりの投資信託のリターンの無リスク資産のリターンに対する超過収益率で評価する。

C. 投資信託の運用者の運用能力評価の方法としてのインフォメーション・レシオは、リスク（トラッキング・エラー）1単位当たりの投資信託のリターンの無リスク資産のリターンに対する超過収益率で評価する。

D. 投資信託の運用者の運用能力評価の方法としてのジェンセンのアルファは、リスク（ベータ）1単位当たりの実現された投資信託のリターンとCAPMによって計算された期待リターンの差で評価する。

正解　C

解説 ➡ 第8章 第6節「運用のパフォーマンス評価」

投資信託の収益率の評価方法としては、シャープ・レシオとトレイナー・レシオがある。

(A)　シャープ・レシオ：リスク(標準偏差)1単位当たりの投資信託のリターンの無リスク資産のリターンに対する超過収益率で評価する。

(B)　トレイナー・レシオ：リスク(ベータ)1単位当たりの投資信託のリターンの無リスク資産のリターンに対する超過収益率で評価する。

投資信託の運用者の運用能力評価の方法としては、インフォメーション・レシオとジェンセンのアルファがある。

(C)　インフォメーション・レシオ：トラッキング・エラー1単位当たりの投資信託のリターンのベンチマークのリターンに対する超過収益率で評価する。投資信託のリターンのベンチマークのリターンに対する超過収益率はアクティブ・リターンと呼ばれ、トラッキング・エラーはアクティブ・リターンの標準偏差である。

(D)　ジェンセンのアルファ：実現した投資信託のリターンとCAPMによって計算された期待リターンの差であるアルファで評価する。アルファは、市場で形成された個別株式やファンドの歪みを表す指標として利用されている。

以下のX投資信託の（ア）シャープ・レシオ、（イ）トレイナー・レシオ、（ウ）ジェンセンのアルファの組合せとして、最も適切なものは次のうちどれか。

A．（ア）1.4、（イ）6.36、（ウ）2.6％
B．（ア）1.4、（イ）7.27、（ウ）3.6％
C．（ア）1.6、（イ）6.36、（ウ）3.6％
D．（ア）1.6、（イ）7.27、（ウ）2.6％

正解　A

解説 ➡ 第8章 第6節「運用のパフォーマンス評価」

それぞれ前出の定義に基づいて計算すると以下の通りになる。

（ア）　シャープ・レシオ：$(8.0-1.0)\diagup 5.0 = 1.4$

　　　　リスク（標準偏差）1単位当たりの超過リターンで評価する。

（イ）　トレイナー・レシオ：$(8.0-1.0)\diagup 1.1 = 6.36$

　　　　リスク（ベータ）1単位当たりの超過リターンで評価する。

（ウ）　ジェンセンのアルファ：$8.0-\{1.0+1.1\times(5.0-1.0)\} = 2.6$

　　　　実現されたリターンとCAPMによって計算された期待リターンの差で
評価する。

第1章
第2章
第3章
第4章
第5章
第6章
第7章
第8章
第9章
第10章
第11章
第12章
ケース・スタディ

(8) 投資信託の分配金と元本の計算

> 資産形成コンサルタントの貴方は、個人顧客Dさんから、余裕資金を利用した投資信託への投資について相談を受けた。Dさんは投資信託への投資にあたり、過去の運用実績、中でも分配金について高い関心を持っている。

「投資信託の分配金と基準価額の推移」

・投資対象：国内株式
・購入時基準価額：11,600円
・購入後の収益分配金(10,000口当たりの金額)

	第1回	第2回
収益分配金	600円	600円
分配前基準価額	11,600円	11,200円

8-1

Dさんに対して行う投資信託と分配金に関する一般的な説明として、最も適切なものは次のうちどれか。

A．投資信託の分配金は、預貯金の利子・利息と同様に、定期的にあらかじめ決められた比率で一定の金額が支払われる。

B．投資信託の格付は、法律に基づいて行われているわけではなく、それぞれの投資信託の分配金込みの将来の予想リターンとは必ずしもリンクしていない。

C．投資信託の分配金には普通分配金と特別分配金があるが、特別分配金とはファンド設立10周年等の記念配当のことであり、不定期に実施される。

D．投資信託の分配金には普通分配金と特別分配金があり、特別分配金とは元本の取り崩しのことであり、課税扱いとなるため注意が必要である。

解説　➡　第12章　第1節「投資信託とは」

　投資信託の分配金は、運用状況により支払われる額が異なり、あらかじめ決められた金額が支払われるわけではない。

　投資信託の格付は、法律に基づいて行われているわけではなく、それぞれの投資信託の分配金込みの将来の予想リターンとは必ずしもリンクしていない。

　また、特別分配金は記念配当ではなく、元本の取り崩しのことであり、税務上は非課税となることから、投資家の個々の元本（個別元本）の状況により異なる点に注意が必要である。

8－2

　以下の説明文の空欄に入る語句、数字の組合せとして、最も適切なものは次のうちどれか。

「第1回〜第2回まで毎回600円の分配金が支払われた結果、第2回分配後の個別元本は10,600円となった。第2回分配金のうち普通分配金は（　ア　）円であり、所得税および復興特別所得税、住民税の源泉徴収後の手取り金額は（　イ　）円である。」

A．（ア）200、（イ）559
B．（ア）300、（イ）539
C．（ア）400、（イ）519
D．（ア）500、（イ）498

正解　A

解説 ➡ 第12章 第1節「投資信託とは」

　投資信託の分配金と元本の計算を行う。第1回～第2回の分配金支払い後の基準価額と、税引き後の手取り額は以下のようになる。

（第1回）分配前基準価額11,600円、分配金600円、分配後基準価額11,000円、分配前個別元本11,600円、普通分配金0円、特別分配金600円、分配後個別元本11,000円

（第2回）分配前基準価額11,200円、分配金600円、分配後基準価額10,600円、分配前個別元本11,000円、普通分配金200円、特別分配金400円、分配後個別元本10,600円

（税引き後手取り金額）＝200円×（1－0.20315）＋400円＝559.37円

第1章
第2章
第3章
第4章
第5章
第6章
第7章
第8章
第9章
第10章
第11章
第12章
ケース・スタディ

資産形成コンサルタント資格試験問題集

2024年2月29日　初版第1刷発行
2024年6月18日　初版第2刷発行

編著者 ── 公益社団法人 日本証券アナリスト協会

発行所 ── ときわ総合サービス 株式会社

〒103-0022　東京都中央区日本橋室町4-1-5
共同ビル（室町四丁目）
☎ 03-3270-5713　FAX 03-3270-5710
https://www.tokiwa-ss.co.jp/

印刷／製本 ── 株式会社サンエー印刷